网店推广实战

网店流量全渠道获取实操宝典

段洪斌　郑海锋　编著
倪　萍　邵秀成

电子工业出版社
Publishing House of Electronics Industry
北京·BEIJING

内 容 简 介

在电子商务高度发达的今天，网店要想获得新客户变得非常困难。如何获得更多流量，是店铺不得不面对的问题。在这种情况下，通过数据化营销提升客户流量的价值，将成为店铺的核心推广方向。

获取流量的关键是解决店铺的引流成本问题和引流效率问题，本书对这两个问题进行了深入解析，并将内容分为 8 章，分别讲解网店推广流量渠道背景、网店流量的各个来源、网店推广的工具、网店免费推广方法、网店付费推广方法、网店内容推广方法、网店推广引流实战案例、网店推广思考和数据分析表格。

本书作者皆为阿里巴巴数据学院优秀讲师，他们有多年网店推广和数据化营销的经验，令本书内容弥足珍贵。本书适合淘宝、天猫平台的网店运营者阅读，以及其他平台电商从业者学习和参考，也适合成为各个院校和培训机构相关专业的教材。

图书在版编目（CIP）数据

网店推广实战：网店流量全渠道获取实操宝典 / 段洪斌等编著 . —北京：电子工业出版社，2021.4
（数据学院系列）

ISBN 978-7-121-40630-0

Ⅰ . ①网… Ⅱ . ①段… Ⅲ . ①网店－商业经营－教材 Ⅳ . ① F713.365.2

中国版本图书馆 CIP 数据核字（2021）第 033573 号

责任编辑：林瑞和

印　　刷：北京虎彩文化传播有限公司

装　　订：北京虎彩文化传播有限公司

出版发行：电子工业出版社

　　　　　北京市海淀区万寿路 173 信箱　　　　邮编：100036

开　　本：787×980　1/16　　　印张：15.75　　　字数：312.5 千字

版　　次：2021 年 4 月第 1 版

印　　次：2022 年 1 月第 3 次印刷

定　　价：108.00 元

凡所购买电子工业出版社图书有缺损问题，请向购买书店调换。若书店售缺，请与本社发行部联系，联系及邮购电话：（010）88254888，88258888。

质量投诉请发邮件至 zlts@phei.com.cn，盗版侵权举报请发邮件至 dbqq@phei.com.cn。

本书咨询联系方式：（010）51260888-819，faq@phei.com.cn。

推荐序

数据驱动的电商精细化运营时代就在眼前

本书作者中的善言、慢慢和妮子三位老师，都是电商行业的一线操盘手，也是我们阿里巴巴数据学院的金牌讲师。他们愿意用图书的形式去帮助更多电商从业者看清楚现阶段电商流量，实属难能可贵。从免费流量，到付费流量，再到内容流量，各种流量的来源都在本书中做了详细介绍。本书是电商从业者应当人手一本的网店推广工具书。

在过去的这四年里，阿里巴巴数据学院经常邀请这三位老师到阿里巴巴园区给行业商家做免费分享，也会邀请他们一起为阿里巴巴数据学院研发"618""双11"等各类主题课程，三位老师每次都毫无保留地输出课程，赋能平台商家。这次他们用图书的形式输出他们的智慧，不仅可以帮助电商从业者，还能够帮助一些电商专业的学生提前了解真实的电商运营场景，让他们不仅学习了电商理论知识，还能获得电商实战的经验，从而快速成长。

本书使用了大量实战案例的生意参谋截图，通过实战案例的数据更容易让读者理解。2020年是数据驱动电商精细化运营的第一年，数据驱动的电商精细化运营时代已经开始。本书中讲解的各种流量来源渠道都离不开生意参谋数据场景的辅助，生意参谋产品可以帮助电商企业实现所有业务场景化、所有场景数据化，其数据涵盖公域的市场/竞争、私域的流量/品类/服务/物流/财务，以及活动特定场景的数据作战室等类型。数据本身只是0和1的组合，但经过分析、运用、实践，最终却能变成业务决策的抓手，帮助企业发现问题。

　　本书通过大量案例详细介绍了网店运营过程中常用和必备的推广引流方法，能够帮助越来越多的商家掌握内容运营和社群运营的技巧。希望商家借助官方工具可以更便捷、更有效地发现并优化店铺问题，最终实现电商创业成功。

　　2020年作为数据驱动电商精细化运营的元年，是企业数字化、智能化的开端，希望所有品牌商家可以抓住这次机会，实现属于自己的数据智能化新时代。

许长宾（楚红人）

2020年11月

前　言

在电子商务高度发达的今天，越来越多的企业需要进行网店推广，企业只有找到适合自己的网店推广方式，才能在当前的互联网经济体系下高速发展。

网店推广已经成为电商行业常见的工作内容。企业要想在天猫、淘宝等平台上开店并销售商品，就必须了解和掌握流量获取的工具，以高效获取流量，只有这样才能找到潜在客户，从而在激烈的市场竞争中完成品牌宣传，实现商品销售。然而随着流量渠道的增多，流量获取方式变得多样化，企业和卖家面临新的迷惑：自家店铺如何获取客户，该使用什么工具，该使用什么方法，电商是否还能获得利润？

本书正要解决这些问题。

本书看点

本书从流量角度出发，针对网店流量的结构，系统性地进行讲解，让大家掌握不同类型流量的获取技巧。大部分网店都面临如何获得更多客户、如何获得更精准客户的问题，因此获取流量的关键是解决店铺的引流成本问题和引流效率问题，本书对这两个问题进行了深入解析。

首先，本书重点介绍了网店流量渠道（第2章）和网店推广工具（第3章），让读者一览网店推广知识体系的全貌，轻松找到适合自己网店的推广方向，从而实现高效增长。

其次，本书还重点讲解了店铺的免费流量（第4章）、付费流量（第5章）的获取方法。

再次，内容流量的获取方法也已成为网店推广中非常重要的知识体系，本书同样进行了重点讲解（第6章）。

最后，本书通过案例方式详细讲解了网店推广实战过程（第 7 章），并从实战出发引出网店推广的思考（第 8 章）。

本书结构

全书共分 8 章，分别如下。

第 1 章由段洪斌编写，主要讲解了网店推广流量渠道背景，包括网店平台目前流量的现状、网店平台流量获取的痛点、网店平台流量获取的价值。

第 2 章由段洪斌编写，主要讲解了网店流量的各个来源，包括淘内免费流量、淘内付费流量、淘内自主访问流量、淘外网站流量。

第 3 章由段洪斌、郑海锋、倪萍编写，详细介绍了网店推广的工具，包括直通车、智钻、超级推荐、淘宝客工具。

第 4 章由段洪斌、倪萍编写，主要讲解了网店免费推广方法，包括手淘搜索流量玩法和手淘推荐流量玩法。

第 5 章由段洪斌、郑海锋、倪萍编写，详细讲解了网店付费推广方法，包括直通车工具引流玩法、智钻工具引流玩法、超级推荐工具引流玩法、淘宝客工具玩法，以及营销活动引流玩法。本章内容帮助读者掌握网店推广工具的实际用法。

第 6 章由段洪斌、邵秀成编写，详细讲解了网店内容推广方法，包括手淘微淘流量玩法、手淘直播流量玩法、手淘达人推广玩法。本章是本书的特色内容，帮助读者掌握网店微淘内容运营和直播运营的方法，并启发读者在这方面尝试和创新。

第 7 章由段洪斌、郑海锋编写，通过实战案例细致讲解网店推广引流的实际应用。本章包含 3 个案例，分别是服饰店铺推广引流实战案例、风格店铺推广引流实战案例和品牌店铺推广引流实战案例。通过对案例的细致分析，读者能够了解店铺从 0 开始逐渐获得大量流量的过程和条件，掌握网店获取流量的方法。

第 8 章由段洪斌编写，对当前网店推广的思路和方法进行总结，同时整理出日常网店运营需要的数据报表，提高网店数据化运营的效率。

感谢

本书的部分素材、数据来源于我们合作伙伴的内部数据和信息，在此向他们表示诚挚感谢！

由于电商行业发展日新月异，且本书编写团队的写作水平有限，书中难免有错误之处，敬请广大读者朋友指正。

段洪斌

2020 年 11 月

读者服务

微信扫码回复：40630

- 获取共享文档、线上直播、技术分享等免费资源
- 加入本书读者交流群，与更多读者互动
- 获取博文视点学院在线课程、电子书 20 元代金券

目　录

第 1 章　网店推广流量渠道背景 /1

1.1　网店平台目前流量的现状 /1

1.2　网店平台流量获取的痛点 /1

1.3　网店平台流量获取的价值 /2

    1.3.1　客户沉淀 /2

    1.3.2　客台拓展 /2

第 2 章　网店流量渠道介绍 /3

2.1　淘内免费流量介绍 /4

    2.1.1　手淘搜索流量 /5

    2.1.2　手淘推荐流量 /6

    2.1.3　手淘微淘流量 /7

    2.1.4　手淘淘宝直播流量 /8

    2.1.5　淘内免费其他流量 /9

2.2　淘内付费流量介绍 /9

    2.2.1　直通车流量 /10

    2.2.2　智钻流量 /11

    2.2.3　超级推荐流量 /12

    2.2.4　淘宝客流量 /13

    2.2.5　聚划算流量 /14

    2.2.6　"品销宝 - 明星店铺"流量 /15

2.3 淘内自主访问流量介绍 /17

   2.3.1 "我的淘宝"流量 /17

   2.3.2 购物车流量 /18

   2.3.3 直接访问流量 /19

2.4 淘外网站流量介绍 /20

第 3 章　网店推广工具介绍 /21

3.1 直通车介绍 /21

   3.1.1 直通车展示位置介绍 /22

   3.1.2 直通车质量分介绍 /25

   3.1.3 直通车扣费公式介绍 /27

3.2 智钻介绍 /27

3.3 超级推荐介绍 /31

   3.3.1 超级推荐商品推广 /32

   3.3.2 超级推荐图文/短视频推广 /46

   3.3.3 超级推荐直播推广 /52

3.4 淘宝客工具介绍 /56

第 4 章　网店免费推广方法 /62

4.1 手淘搜索流量玩法 /62

   4.1.1 如何进行品类关键词数据分析 /63

   4.1.2 如何根据数据做出优质商品标题 /72

   4.1.3 如何优化商品标题关键词 /79

   4.1.4 如何让品类搜索流量提升 /81

   4.1.5 如何进行关键词数据分析和复盘 /85

4.2 手淘推荐流量玩法 /86

   4.2.1 手淘推荐背景及概述 /86

   4.2.2 手淘推荐"猜你喜欢"板块 /87

   4.2.3 手淘推荐流量获取方法 /90

4.2.4 手淘推荐流量维护 /93

4.2.5 手淘推荐流量玩法总结 /94

第 5 章 网店付费推广方法 /95

5.1 直通车工具引流玩法 /95

5.1.1 直通车关键词推广玩法 /95

5.1.2 直通车人群推广玩法 /101

5.1.3 直通车智能推广玩法 /104

5.1.4 直通车投入产出优化玩法 /104

5.2 智钻工具引流玩法 /106

5.2.1 智钻低价引流玩法 /107

5.2.2 智钻客户分层玩法 /112

5.2.3 智钻活动周期玩法 /124

5.2.4 智钻拉动手淘推荐流量玩法 /136

5.3 超级推荐工具引流玩法 /140

5.3.1 超级推荐新品推广玩法 /141

5.3.2 超级推荐带动手淘推荐流量玩法 /144

5.3.3 超级推荐新粉丝获取玩法 /150

5.3.4 超级推荐老粉丝玩法 /153

5.3.5 超级推荐直播间玩法 /157

5.4 淘宝客工具引流玩法 /163

5.4.1 淘宝客营销计划玩法 /163

5.4.2 淘宝客自选计划玩法 /168

5.4.3 淘宝客如意投计划玩法 /172

5.4.4 淘宝客活动计划玩法 /175

5.4.5 总结 /182

5.5 营销活动引流玩法 /182

5.5.1 营销活动的盘点 /182

5.5.2 营销活动的准备期玩法 /183

5.5.3 营销活动的预热期玩法 /186

5.5.4　营销活动的爆发期玩法 /187

5.5.5　营销活动的余热期玩法 /191

5.5.6　店铺活动策划的注意事项 /194

第6章　网店内容推广方法 /195

6.1　手淘微淘玩法 /195

6.1.1　微淘商家层级说明 /195

6.1.2　微淘内容发布 /196

6.1.3　微淘目标人群选择 /201

6.1.4　微淘内容管理 /202

6.2　手淘直播玩法 /203

6.2.1　手淘直播介绍 /203

6.2.2　手淘直播间搭建流程 /204

6.2.3　手淘直播流量玩法 /205

6.2.4　手淘直播间数据分析 /206

6.2.5　店铺新主播孵化 /207

6.3　手淘达人推广玩法 /208

第7章　网店推广引流案例分享 /211

7.1　服饰店铺推广引流实战案例 /211

7.1.1　案例背景介绍 /211

7.1.2　视觉问题 /211

7.1.3　推广问题 /212

7.1.4　货品问题 /220

7.1.5　销售额问题 /220

7.1.6　实战案例总结 /222

7.2　风格店铺推广引流实战案例 /223

7.2.1　案例背景介绍 /223

7.2.2　案例操作流程 /223

7.2.3　实战案例总结 /227

7.3　品牌店铺推广引流实战案例 /228

　　7.3.1　案例背景介绍 /228

　　7.3.2　案例操作流程 /229

　　7.3.3　实战案例总结 /234

第 8 章　网店推广思考和数据分析表格 /235

7.1　面向未来的网店推广思考 /235

7.2　网店推广常用数据分析表格 /236

第1章

网店推广流量渠道背景

很多网店店主在开店之后不清楚该如何进行有效的渠道推广，网店推广已经成为越来越多网店运营者需要学习的内容。对于网店店主来说，在电商平台上的竞争者越来越多的情况下，如何提升自身店铺的推广引流能力，如何更好地在电商平台上获取精准流量，显得越来越重要。在本章中，笔者将针对网店的流量渠道、推广工具、推广方法策略进行逐一阐述，让大家了解网店有哪些流量渠道、用什么流量推广工具、用什么引流方法、如何把流量精准地引入到店铺，从而快速提升店铺的流量和销售额。

1.1 网店平台目前流量的现状

网店推广已经进入千人千面、人群标签时代，店铺推广的精准性要求越来越高，这就促使网店在进行推广时，需要更加重视自身的品牌定位、人群定位、视觉定位，这样流量推广的精准度才会更高。流量红利的时代已经不再，网店店主需要更加明确自己能够获得流量的方式，只有确定好自家网店的引流方向，才可以更好地利用工具放大自己店铺的流量，提升店铺的销售额。

1.2 网店平台流量获取的痛点

近年来，网店平台流量的获得已经到达瓶颈点，流量来源越来越分散，店铺获得流量的方式也发生了很大的变化。

如今，手机 App 的电商功能越来越普及，类似抖音、快手、小红书、今日头条等 App 都已拥有电商卖货功能，这就使得卖家需要经营的流量来源范围越来越大，覆盖了图文内容、直播、短视频等多个类型。流量的分散也意味着店铺需要投入的人力成本增加，所以店铺需要选择自己擅长的流量获取方式，逐步拓展相关流量渠道，控制流量渠道推广的投入成本。

总之，随着竞争越来越激烈，网店店主获取流量的成本也越来越高，如果店主对流量渠道了解得不够清晰，对流量工具使用方法了解得不够深入，必然导致网店引流的成本居高不下。因此，针对不同渠道，网店应该使用不同的推广工具，从而节省推广成本。

1.3　网店平台流量获取的价值

为什么要开一家网店？

笔者相信大部分店主的回答都是"为了盈利"，这个答案是无可厚非的。如今，实现店铺价值的方式已经发生改变，更多店铺开始加强店铺传播和店铺客户沉淀，通过店铺和客户的连接，让更多的客户了解店铺的商品、信赖店铺的品质，最后关注店铺，变成店铺的粉丝客户。因此，促进店铺客户沉淀，令客户关注店铺已经成为当下网店推广、实现店铺价值的核心方式。

1.3.1　客户沉淀

如今网店推广的方式更倾向于促进品牌的传播、促进品牌店铺客户的沉淀。如今在电商平台上，越来越多的店铺已经变成品牌店铺、网红店铺、风格店铺、直播店铺等，这些店铺有比较强的积累粉丝能力，通过商品和店铺的视觉设计，不断沉淀自己的客户。在平台的千人千面流量推送的背景下，拥有众多粉丝的店铺在上新商品时流量获取的效率，会比没有沉淀客户的店铺高很多。

1.3.2　平台拓展

网店推广的平台拓展是指网店在平台上获取流量以进行推广，这种推广不受线下的地域限制，其针对的客户人群是全国性、全球性的。如今跨境贸易越来越方便，速卖通平台、天猫出海，都在帮助网店品牌获取更多的客户，实现网店销售体量的无限增大。

第 2 章

网店流量渠道介绍

根据数据工具的不同，网店获得的流量可以分为淘内免费流量、淘内付费流量、淘内自主访问流量和淘外网站流量 4 个核心分类。

（1）淘内免费流量主要包括手淘搜索流量、手淘推荐流量、手淘微淘流量、手淘淘宝直播流量等。注意，"手淘"是"手机淘宝"的简称，且在很多场合下被频繁使用，本书中的很多术语均使用"手淘"来替代"手机淘宝"。

（2）淘内付费流量主要是流量推广工具带来的流量，比如直通车流量、智钻流量、超级推荐流量、淘宝客流量、聚划算流量等。

（3）淘内自主访问流量主要是"我的淘宝"流量、购物车流量，以及通过链接直接访问的流量。

（4）淘外网站流量是来自淘系各个平台之外的流量，比如从百度、微博、抖音、快手、小红书等网站导入网店的流量就是淘外网站流量。

网店流量的来源构成可通过路径"生意参谋→流量→店铺来源→流量来源"来查看，如图 2-1 所示。

流量来源

选择指标

☑ 访客数	☐ 下单买家数	☐ 下单转化率	☐ 新访客数	☐ 关注店铺人数	☐ 商品收藏人数	选择5/5 重置
☐ 加购人数	☐ 下单金额	☑ 支付金额	☑ 支付买家数	☑ 支付转化率	☑ 客单价	
☐ UV价值	☐ 引导短视频访客数	☐ 引导商品访客数	☐ 直接支付买家数	☐ 收藏商品-支付买家数		
☐ 粉丝支付买家数	☐ 加购商品-支付买家数					

ⓘ 可圈人的渠道需满足以下条件：近30天访客数排名本店TOP10的无线渠道

流量来源	访客数 ⇅	支付金额 ⇅	支付买家数 ⇅	支付转化率 ⇅	客单价 ⇅	操作
⊕ 淘内免费	2,083,659 +263.73%	6,651,791.98 +218.31%	12,391 +122.10%	0.59% -38.94%	536.82 +43.32%	趋势
⊕ 付费流量ⓘ	368,614 +44.01%	885,633.07 +163.36%	2,147 +84.61%	0.58% +28.19%	412.50 +42.66%	趋势
⊕ 自主访问	99,454 +86.29%	4,754,850.75 +168.29%	10,262 +90.07%	10.32% +2.03%	463.35 +41.15%	趋势
⊕ 淘外媒体ⓘ	2,575 -	- -	- -	- -	- -	趋势

图 2-1　查看网店流量来源构成

2.1　淘内免费流量介绍

　　淘内免费流量的数据可以通过路径"生意参谋→流量→店铺来源→流量来源→淘内免费"来查看，如图 2-2 所示。

流量来源	访客数 ⇅	加购人数 ⇅	支付金额 ⇅	支付转化率 ⇅	客单价 ⇅	操作
● 淘内免费	2,083,659 +263.73%	83,785 +104.09%	6,651,791.98 +218.31%	0.59% -38.94%	536.82 +43.32%	趋势
⊕ 手淘推荐 ☀	1,294,445 +567.16%	18,573 +72.93%	459,896.37 +411.82%	0.10% -37.15%	341.68 +22.06%	趋势 人群透视 来源效果 助力推荐 人群推荐
手淘搜索	567,042 +117.21%	36,529 +92.51%	4,911,299.36 +208.99%	1.42% -8.12%	609.87 +54.82%	详情 人群透视 趋势 来源效果 人群推荐
淘内免费其他	408,850 +413.86%	27,045 +297.60%	1,127,099.24 +300.83%	0.68% -43.52%	407.93 +38.11%	详情 人群透视 趋势 来源效果 人群推荐
手淘淘宝直播ⓘ	93,335 +733.05%	3,465 +135.39%	516,463.72 +265.66%	1.33% -67.57%	416.50 +35.35%	人群透视 趋势 来源效果 人群推荐
手淘其他店铺商品详情	36,603 +44.35%	2,090 +45.44%	108,550.00 +250.79%	0.76% +75.08%	390.47 +38.80%	详情 人群透视 趋势 来源效果 人群推荐

图 2-2　查看商品的淘内免费流量

2.1.1 手淘搜索流量

淘内免费流量中的手淘搜索流量是指店铺在上新商品之后，通过关键词组合获取的流量。换言之，访客通过手机淘宝客户端的淘宝搜索进入店铺页面或商品详情页，这部分流量，我们称之为手淘搜索流量，例如访客在手机淘宝客户端搜索"吊带连衣裙"，平台会基于该关键词向访客展示商品，如图 2-3 所示。

通过"店铺来源→来源详情→商品效果→手淘搜索"，我们可以了解实时、最近 1 天 / 7 天 /30 天、按日 / 按周 / 按月的手淘搜索流量，通过数据了解店铺商品获取手淘搜索流量的趋势和效果，效果如图 2-4 所示。

图 2-3　根据关键词展示商品

图 2-4　查看商品的手淘搜索流量的趋势和效果

2.1.2 手淘推荐流量

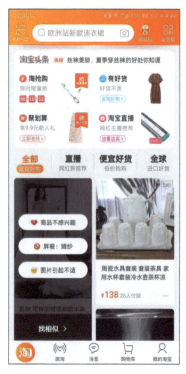

图 2-5 手淘推荐的"发现好物"推荐位

淘内免费流量中的手淘推荐流量是指店铺在上新商品之后，通过商品信息匹配人群推荐获取的流量，其会按照客户的搜索习惯、购物习惯、品牌喜好度，进行千人千面商品推荐。

手淘推荐的访客通过手机淘宝客户端的首页产品（除广告 Banner 位、每日好店产品之外的其他产品），可以直接进入店铺页面或商品详情页，这个类型的流量，被称为手淘推荐流量。手淘推荐主要展示的位置是"猜你喜欢""发现好物"等商品推荐位。手淘推荐如图 2-5 所示。

通过"店铺来源→来源详情→商品效果→手淘推荐"，可以了解实时、最近 1 天 /7 天 /30 天、按日 / 按周 / 按月的手淘推荐流量，了解店铺商品获取手淘推荐流量的趋势和效果，如图 2-6 所示。

图 2-6 查看商品的手淘推荐流量的趋势和效果

2.1.3　手淘微淘流量

　　淘内免费流量中的手淘微淘流量是指通过手淘品牌动态频道获得的流量。访客关注品牌店铺之后，微淘会根据其关注的品牌进行内容展示。品牌展示的位置主要是手淘 App 微淘板块。图 2-7 所示是微淘展示商品。

　　通过"店铺来源→来源详情→商品效果→手淘微淘"，可以了解实时、最近 1 天 /7 天 /30 天、按日 / 按周 / 按月的手淘微淘流量，了解店铺商品获取手淘微淘流量的趋势和效果，如图 2-8 所示。

图 2-7　微淘展示商品

图 2-8　查看商品的手淘微淘流量的趋势和效果

2.1.4　手淘淘宝直播流量

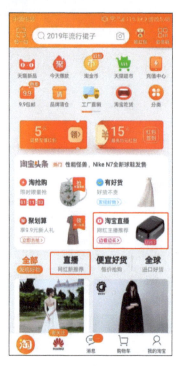

图 2-9　手淘淘宝直播位置

淘内免费流量中的手淘淘宝直播流量是指访客通过手淘淘宝直播进入店铺页面或商品详情页所产生的流量。手淘淘宝直播的主要展示位置是手淘 App 首页。图 2-9 所示是手淘淘宝直播位置。

通过"店铺来源→来源详情→商品效果→手淘淘宝直播"，可以了解实时、最近 1 天 /7 天 /30 天、按日 / 按周 / 按月的手淘淘宝直播流量，了解店铺商品获取手淘淘宝直播流量的趋势和效果，如图 2-10 所示。

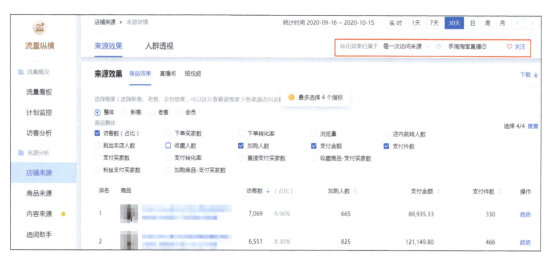

图 2-10　查看商品的手淘淘宝直播流量的趋势和效果

2.1.5 淘内免费其他流量

通过非淘系 App 进入淘系 App（比如淘宝 App、天猫 App 等）的流量，由于目前尚无相关数据记录，所以无法识别其准确来源，一般被暂时归入淘内免费其他流量。例如，淘宝 App、天猫 App 等淘系 App 里面有一部分活动页面，由于没有打上相关的标记，其带来的流量被暂时归为淘内免费其他流量；淘宝 App 中部分用户的日志缺失，则也会令部分数据被归入淘内免费其他流量。

通过路径"店铺来源→来源详情→商品效果→淘内免费其他"，可以了解实时、最近1 天 /7 天 /30 天、按日 / 按周 / 按月的淘内免费其他流量，了解店铺商品获取淘内免费其他流量的趋势和效果，如图 2-11 所示。

图 2-11　查看商品的淘内免费其他流量的趋势和效果

综上所述，淘内免费流量主要是手淘搜索流量、手淘推荐流量、手淘微淘流量、手淘淘宝直播流量和淘内免费其他流量。店铺可以通过生意参谋查看淘内免费流量的趋势和效果，进行数据问题判断，根据不同渠道的免费流量上升或者下跌，可以追溯对应渠道和商品，进行问题反馈和问题处理，从而让免费流量源源不断进入店铺。

2.2　淘内付费流量介绍

淘内付费流量主要是流量推广工具带来的流量，比如直通车流量、智钻流量、超级推荐流量、淘宝客流量、聚划算流量等，如图 2-12 所示。

● 付费流量 ⑦	368,614 +44.01%	3,308 +46.96%	12,703 +34.34%	885,633.07 +163.36%	2,147 +84.61%	趋势
直通车 🟠	189,689 +53.59%	1,309 +63.22%	5,250 +55.19%	413,975.10 +114.94%	1,018 +53.31%	详情 人群透视 趋势 来源效果 助力搜索 人群推荐
超级推荐	94,251 -11.46%	924 -10.72%	3,868 -10.34%	212,527.02 +155.51%	475 +60.47%	趋势 来源效果 助力推荐 人群推荐
聚划算 🟠	89,986 +169.67%	887 +139.08%	2,879 +111.38%	152,257.15 +283.52%	392 +184.06%	详情 人群透视 趋势 来源效果 人群推荐
淘宝客	13,245 +71.10%	145 +47.96%	759 +41.08%	129,613.20 +327.79%	310 +200.97%	人群透视 趋势 来源效果
智钻	3,899 +129,866.67%	129 -	157 +15,600.00%	10,030.14 -	17 -	人群透视 趋势 来源效果

图 2-12　查看淘内付费渠道流量

2.2.1　直通车流量

在生意参谋中，可以查询在所选时间内通过点击直通车广告进入店铺内页面的访客量，以及访客当天对当次店内浏览访问过的商品的加购、收藏、下单、支付等行为的数据。该指标与阿里妈妈直通车后台的点击、转化等数据指标不同。在阿里妈妈直通车后台报表中，展示的数据是指在所选时间内直通车展现位置带来的点击数，以及转化周期内产生的加购、收藏、支付等行为数据。注意，广告效果请以直通车后台的数据为准，如图 2-13 所示。

图 2-13　直通车后台报表展示

通过"店铺来源→来源详情→商品效果→直通车"，可以了解实时、最近 1 天 /7 天 /30 天、按日 / 按周 / 按月的直通车流量，了解店铺商品获取直通车流量的趋势和效果，如图 2-14 所示。

图 2-14　查看商品的直通车流量的趋势和效果

2.2.2　智钻流量

在生意参谋中可以查看所选时间内通过点击智钻广告进入店铺内页面的访客量，以及访客当天对当次店内浏览访问过的商品的加购、收藏、下单、支付等行为的数据。阿里妈妈智钻后台报表展示的数据是指在所选时间内通过点击或浏览智钻广告进店的访客量，以及访客产生的加购、收藏、下单、支付等行为数据。注意，广告效果请以智钻后台报表数据为准，如图 2-15 所示。

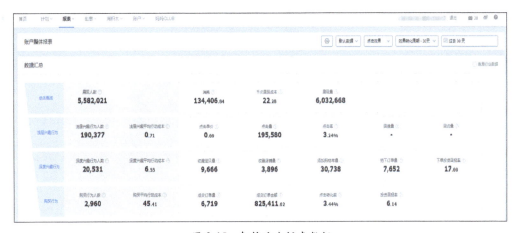

图 2-15　智钻后台报表数据

通过"店铺来源→来源详情→商品效果→智钻"，可以了解实时、最近 1 天/7 天/30 天、按日/按周/按月的智钻流量，了解店铺商品获取智钻流量的趋势和效果，如图 2-16 所示。

图 2-16　查看商品的智钻流量的趋势和效果

2.2.3　超级推荐流量

　　在生意参谋中，可查看所选时间内通过点击超级推荐广告进入店铺内页面的访客量，以及访客当天对当次店内浏览访问过的商品的加购、收藏、下单、支付等行为的数据。阿里妈妈超级推荐的产品后台报表展示的数据是在所选时间内通过点击或流览超级推荐广告进店的访客量，以及访客产生的加购、收藏、下单、支付等行为数据。注意，广告效果请以超级推荐后台数据为准，如图 2-17 所示。

图 2-17　超级推荐后台报表数据

通过"店铺来源→来源详情→商品效果→超级推荐"，可以了解实时、最近 1 天 /7 天 /
30 天、按日 / 按周 / 按月的超级推荐流量，了解店铺商品获取超级推荐流量的趋势和效果，
如图 2-18 所示。

图 2-18　查看商品的超级推荐流量的趋势和效果

2.2.4　淘宝客流量

如果一个商品设置了淘宝客佣金，那么通过淘宝客的站外联盟、站内的专场活动等方
式获得的流量，就被记录为淘宝客流量。图 2-19 所示是淘宝客后台展示数据。

图 2-19　淘宝客后台展示数据

通过"店铺来源→来源详情→商品效果→淘宝客"，可以了解实时、最近 1 天 /7 天 / 30 天、按日 / 按周 / 按月的淘宝客流量，了解店铺商品获取淘宝客流量的趋势和效果，如图 2-20 所示。

图 2-20　查看商品的淘宝客流量的趋势和效果

2.2.5　聚划算流量

聚划算流量包括：①通过聚划算 App 访问店铺和宝贝（即商品）的所有流量，均记为聚划算流量；②访客在淘宝 App 中点击首页的"聚划算"按钮，进而访问店铺和宝贝从而产生的流量，被归为聚划算流量；③通过手机浏览器访问淘宝网，在聚划算的相关页面中进行点击，访问店铺和宝贝从而产生的流量，被归为聚划算流量。图 2-21 所示为商家聚划算后台。

通过"店铺来源→来源详情→商品效果→聚划算"，可以了解实时、最近 1 天 /7 天 / 30 天、按日 / 按周 / 按月的聚划算流量，了解店铺商品获取聚划算流量的趋势和效果，如图 2-22 所示。

图 2-21　商家聚划算后台

图 2-22　查看商品的聚划算流量的趋势和效果

2.2.6　"品销宝－明星店铺"流量

在生意参谋中，可以查看在所选时间内通过点击"品销宝-明星店铺"广告进入店铺内页面的访客量，以及访客当天对当次店内浏览访问过的商品的加购、收藏、下单、支付等行为的数据。阿里妈妈品销宝产品后台报表展示的数据是在所选时间内通过点击"品销宝-明星店铺"广告进店的访客量，以及访客产生的加购、收藏、下单、支付等行为数据。注意，广告效果请以品销宝的明星店铺后台数据为准，如图 2-23 所示。

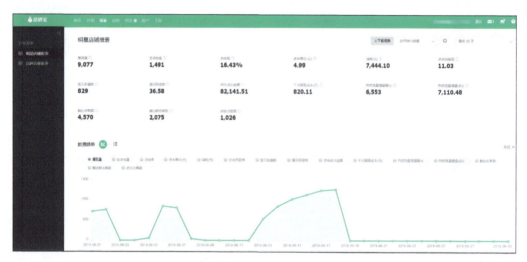

图 2-23　明星店铺后台报表展示

通过"店铺来源→来源详情→商品效果→品销宝 - 明星店铺"，可以了解实时、最近 1 天 /7 天 /30 天、按日 / 按周 / 按月的"品销宝 - 明星店铺"流量，了解店铺商品获取"品销宝 - 明星店铺"流量的趋势和效果，如图 2-24 所示。

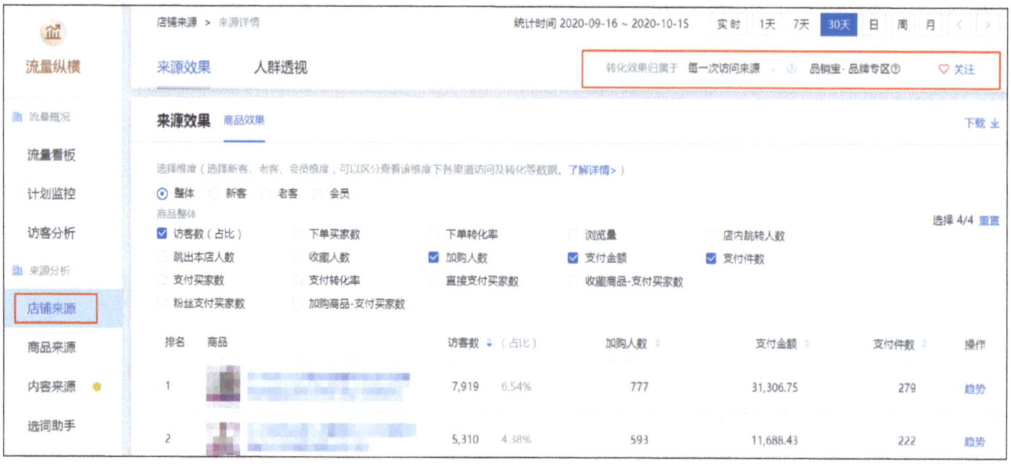

图 2-24　查看商品的"品销宝 - 明星店铺"流量的趋势和效果

综上所述，淘内付费流量主要以直通车流量、智钻流量、超级推荐流量、淘宝客流量、聚划算流量、"品销宝 - 明星店铺"流量为主，店铺可以通过生意参谋查看淘内付费流量的获取效果和获取趋势的变化，了解淘内付费流量的进店效果，同时要根据阿里妈妈后台报表数据进行数据对比和数据验证，了解付费工具购买流量的效果。

通过付费工具的推广效果趋势分析，可以了解付费流量对商品整体流量的收藏、加购、成交效果的影响，可以根据效果增加或缩减付费工具的费用，从而控制推广节奏，提升店铺流量获取的精准度和流量进店的效果。

2.3 淘内自主访问流量介绍

淘内自主访问流量主要来自"我的淘宝"流量、购物车流量（来自购物车页的访客流量），以及直接访问流量（通过链接直接访问的流量），如图 2-25 所示。

● 自主访问	99,454 +86.29%	2,428 +111.68%	3,577 +102.78%	4,754,850.75 +168.29%	10,262 +90.07%	趋势
购物车 ⑦	58,407 +94.84%	1,411 +129.43%	1,457 +144.46%	3,566,487.08 +183.28%	8,005 +102.76%	人群透视 来源效果 趋势 人群推荐
我的淘宝 ⑦	52,186 +84.99%	1,231 +129.24%	2,349 +96.24%	1,914,382.59 +142.42%	4,068 +63.97%	人群透视 来源效果 趋势 人群推荐
直接访问	694 -40.78%	9 -88.89%	13 -77.19%	2,341.54 -58.05%	9 -55.00%	人群透视 来源效果 趋势

图 2-25 自主访问流量渠道

2.3.1 "我的淘宝"流量

"我的淘宝"流量包括如下几种。

（1）访客在淘宝 App 的"我的淘宝"板块内通过全部订单页、宝贝收藏页、查看物流页、待评价页、足迹页、支付成功页、确认收货页等页面进入店铺首页或宝贝详情页，所带来的流量。

（2）访客在天猫 App 的"我"板块内，通过待付款页、待发货页、待收货页、待评价页、全部订单页、收藏商品页和店铺优惠券页等页面进入店铺首页或宝贝详情页，所带来的流量。

（3）访客通过手机浏览器，进入"我的淘宝"板块，通过全部订单页、宝贝收藏页、店铺收藏页、查看物流页、浏览历史页等页面进入店铺首页或宝贝详情页，所带来的流量。

通过"店铺来源→来源详情→商品效果→我的淘宝"，可以了解实时、最近 1 天/7 天/30 天、按日/按周/按月的"我的淘宝"流量，了解店铺商品获取"我的淘宝"流量的趋势和效果，如图 2-26 所示。

图 2-26　查看商品的"我的淘宝"流量的趋势和效果

2.3.2　购物车流量

购物车流量是指通过淘宝 App、天猫 App 或手机浏览器中的淘宝/天猫购物车直接进入店铺或宝贝详情页的流量。图 2-27 所示为购物车流量的渠道展示。

通过"店铺来源→来源详情→商品效果→购物车",可以了解实时、最近 1 天/7 天/30 天、按日/按周/按月的购物车流量,了解店铺商品获取购物车流量的趋势和效果,如图 2-28 所示。

图 2-27　购物车流量渠道展示

图 2-28　查看商品的购物车流量的趋势和效果

2.3.3　直接访问流量

直接访问流量是指通过手机浏览器直接访问店铺或商品的流量。通过"店铺来源→来源详情→商品效果→直接访问",可以了解实时、最近 1 天 /7 天 /30 天、按日 / 按周 / 按月的直接访问流量,了解店铺商品直接访问流量的趋势和效果,如图 2-29 所示。

图 2-29　查看商品的直接访问流量的趋势和效果

综上所述，淘内自主访问店铺流量，主要是店铺商品的"我的淘宝"流量、购物车流量和直接访问流量。商家了解商品的淘内自主访问流量的成交数据，可以有针对性地进行判断，对优质商品进一步推广，提升渠道的流量，提升销售额。

2.4　淘外网站流量介绍

淘外网站流量是来自淘系之外的流量，比如通过百度、微博、抖音等淘系之外的渠道导入淘系店铺的流量，就被称为淘外网站流量，如图2-30所示。

统计时间 2020-09-16 ～ 2020-10-15				实时 1天 7天 **30天** 日 周 月 ‹ ›
构成　分析　对比　同行			转化效果归属于 每一次访问来源 ˅ ⑦	无线端 ˅
● 淘内免费	3,232,271 +202.84%	30,962 -1.97%	0.96% -67.63%	趋势
● 付费流量⑦	1,158,909 -40.00%	12,481 -36.69%	1.08% +5.51%	趋势
● 自主访问	214,412 -18.86%	32,143 -11.58%	14.99% +8.98%	趋势
● 淘外媒体⑦	2,139	·	·	趋势
● 淘外网站	85 +46.55%	0 -100.00%	0.00% -100.00%	趋势
淘外网站其他	50 +85.19%	0 -	0.00% -	详情 人群透视 趋势 来源效果
百度	35 +12.90%	0 -100.00%	0.00% -100.00%	人群透视 趋势 来源效果

图 2-30　淘外网站流量渠道

商家要多尝试站外推广，从而获得更多淘外网站流量，再通过生意参谋获得商品数据反馈，了解商品的站外渠道引流的转化效果。商家根据商品收藏、加购转化数据，可以周期性地增加或减少站外推广费用，进行站外引流调整和优化。

第 3 章

网店推广工具介绍

网店推广的核心工具主要有直通车（即淘宝/天猫直通车）、智钻（即钻石展位，也称智钻展位）、淘宝客、超级推荐。店铺可以使用这四个推广工具获取流量，放大店铺商品流量的价值，提升店铺销售额。这四个工具如图 3-1 所示。

图 3-1 店铺推广工具

3.1 直通车介绍

在直通车中，卖家可以设置与推广商品相关的关键词和出价，当买家搜索相应的关键词时，该推广商品将会获得展现机会和流量，从而实现精准营销，卖家按所获流量（点击数）付费。

卖家加入淘宝/天猫直通车，即默认卖家开通搜索关键词营销。

打开淘宝网，登录店铺账户，依次点击"我的淘宝→卖家中心→营销中心→我要推广→营销入口→常用链接→直通车"，点击"即刻提升"按钮进入，如图 3-2 所示。

图 3-2　进入直通车

3.1.1　直通车展示位置介绍

（1）在 PC 端搜索关键词后，在掌柜热卖处展示的就是直通车展示位置，包括创意图（图上可以有创意标题）、价格、销量，如图 3-3 所示。

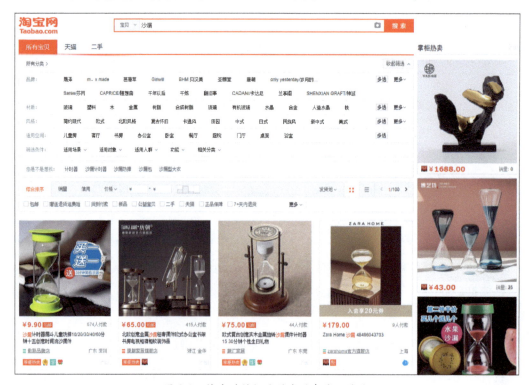

图 3-3　搜索关键词后的直通车展示效果

（2）在 PC 端搜索关键词后，搜索结果中被打上"掌柜热卖"标签的位置，是直通车展示位置，如图 3-4、图 3-5 所示。

图 3-4 关键词搜索结果页的"掌柜热卖"位置（一）

图 3-5 关键词搜索结果页的"掌柜热卖"位置（二）

（3）在 PC 端搜索关键词后，搜索结果页底部的热卖单品，是直通车展示位置，如图 3-6 所示。

（4）PC 端淘宝网的掌柜热卖页面的商品位置，是直通车展示位置，如图 3-7 所示。

（5）无线端的热门关键词"HOT"标签，代表直通车展示位置，如图 3-8 所示。

图 3-6　PC 端关键词搜索结果页底部的热卖单品

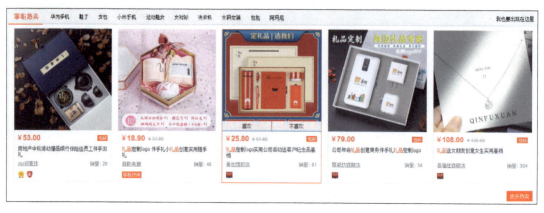

图 3-7　PC 端淘宝网掌柜热卖页面

图 3-8　无线端的热门关键词"HOT"标签（左上图的左上角）

3.1.2　直通车质量分介绍

1．什么是质量分

质量分是系统估算的一种相对值，主要用于衡量店铺设置的关键词、商品推广信息和淘宝用户搜索意向之间的相关性，其计算依据涉及多种维度（比如创意质量、相关性、买家体验等）。

2．无线端和 PC 端的质量分

无线端质量分（即移动质量分）和 PC 端质量分（即计算机质量分）都是独立存在的，但彼此会影响，如图 3-9 所示。

（1）创意质量是指关键词对于商品的推广创意效果，包括推广创意的关键词点击反馈、图片质量等。掌柜通过不断测试和优化推广创意，努力提升创意的点击率，可以提升创意质量得分。

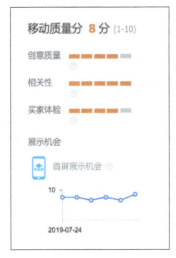

图 3-9　直通车质量分

（2）相关性是指商品关键词与商品本身信息的相符程度，包括商品标题、推广创意标题等。关键词与商品的相符程度主要体现在商品标题信息和直通车推广内容上，如果关键词是在商品标题中用到的，特别是在直通车的推广标题中出现过的，那么该关键词与商品的相关性就比较高。

为了提高相关性，发布商品的类目要与关键词的优先类目保持一致，所以商家要注意不要将商品放错类目。另外，在发布商品时，商家选择的属性应与关键词保持一致，尽可能填写符合商品特征的属性，以提升相关性得分。

（3）买家体验是指淘宝后台根据买家在店铺的购买体验和账户近期的关键词推广效果给出的动态得分，影响买家体验的因素包含直通车转化率、收藏和加入购物车数量、关联营销、详情页加载速度、好评和差评率、旺旺反应速度等。

直通车质量分对应的各项分值越大，说明推广效果越好，但不同行业的关键词的质量分也是与实际行业类目相关的，请商家以实际情况为准，参考优化中心的建议进行优化，要不断提高商品的各项指标。

综上所述，如果商品各项反馈值降低，就会影响直通车的质量分，造成分数下降，所以商家需要抽出一定的时间对推广标题、商品描述等各方面进行优化，提升商品直通车推广的质量分。

3.1.3 直通车扣费公式介绍

直通车是按照点击付费的流量获取工具,当买家搜索一个关键词时,设置了该关键词的商品就会在直通车的展示位置上出现。当买家点击商家做直通车推广的商品时,商家才需付费,直通车才会进行相应扣费。根据直通车对该关键词设置的价格,直通车的扣费均小于或等于商家的关键词出价。

扣费公式如下。

$$单次点击扣费 = (下一名出价 \times 下一名质量分) / 本人质量分 + 0.01 元$$

根据这个公式,商家的质量得分越高,所需付出的费用就越低。扣费最高为商家设置的关键词出价,当公式计算得出的金额大于出价时,将按商家的实际出价扣费。

3.2 智钻介绍

智钻展示推广平台是以图片展示为基础、以短视频为辅、以精准定向为核心,面向全网的精准流量实时竞价的展示推广平台。智钻推广支持按展示付费(CPM 形式)和按点击付费(CPC 形式),可以为客户提供精准定向、创意策略、资源位策略、效果监测、数据分析等一站式全网推广投放解决方案,帮助客户实现更高效、更精准的全网数字营销。

智钻推广的载体可以是图片、文字,也可以是短视频。

首先,图片展示方式是传统的智钻推广提供的基础展示方式。随着内容化推广的深入,现在智钻推广增加了文字展示方式,比如我们常用的"微淘""有好货"等推广形式多是以"图片+文字"结构为主的。

其次,随着短视频和直播的兴起,客户对于这些新的视频类的广告更容易接受,所以智钻推广又增加了短视频的展示方式。

智钻推广能够满足商家日益变化的推广需求,帮助商家更好地利用智钻推广工具实现更高效、更精准的数字营销。

　　加入智钻推广的操作流程：打开淘宝网，登录店铺账户，依次点击"我的淘宝→卖家中心→营销中心→我要推广→营销入口→常用链接→智钻展位"，之后点击"立即登顶"按钮进入，如图3-10所示。

图3-10　智钻推广路径

　　智钻推广主要采用全店推广的方式，下面会对这种推广方式进行具体介绍。

　　全店推广方式需要设置的项目主要包含常规场景、营销目标、生成方案、计划名称、付费方式、地域设置、时段设置、投放日期、投放方式、出价方式、每日预算、单元名称、定向人群、投放资源位、出价、添加创意等。

　　（1）根据店铺营销目标，可以选择计划搭建方式，例如搭建全店推广计划，如图3-11所示。

　　（2）设置全店推广的基本信息模块和定向人群模块，如图3-12所示。

　　（3）设置全店推广定向人群的参数，确定店铺页面投放的目标人群。商家可以根据系统推荐人群自主选择，针对定向人群出价投放，获取精准定向人群，如图3-13所示。

超级钻展
首页
计划
报表
创意
淘积木
账户
妈妈CLUB
设置计划组
设置计划
设置创意
创建完成
计划组类型
消费者圈层营销
未知人群探索
对尚未和本类目发生过互动的人群进行广告投放
泛兴趣人群拉新
对已和本类目发生过互动但和本店尚未互动的人群进行广告投放
兴趣人群收割
对已和本店铺产生过互动的人群进行广告投放
其他
自定义
自定义人群进行广告投放
计划组名称
全店推广计划

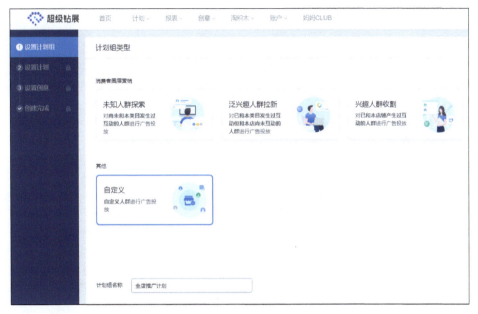

图 3-11　设置全店推广计划

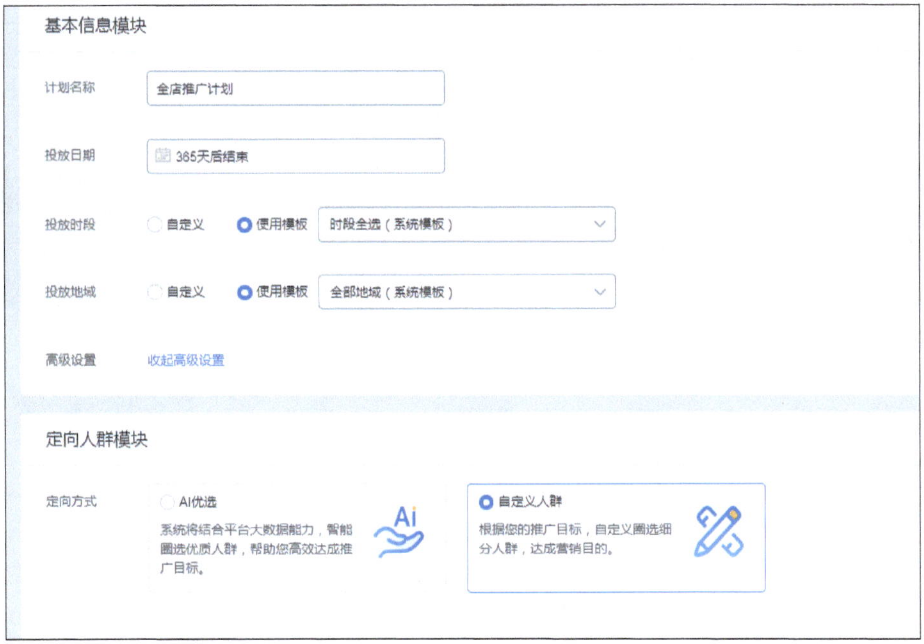
基本信息模块
计划名称
全店推广计划
投放日期
365天后结束
投放时段
自定义
使用模板
时段全选（系统模板）
投放地域
自定义
使用模板
全部地域（系统模板）
高级设置
收起高级设置
定向人群模块
定向方式
AI优选
系统将结合平台大数据能力，智能圈选优质人群，帮助您高效达成推广目标。
自定义人群
根据您的推广目标，自定义圈选细分人群，达成营销目的。

图 3-12　设置基本信息模块和定向人群模块

图 3-13　设置推广计划的定向人群

（4）设置推广渠道资源位，根据投放人群，进行资源位的选择，如图 3-14 所示。

图 3-14　设置推广渠道资源位

（5）根据资源位需要的创意图片尺寸，进行创意图片的制作和上传，最后完成计划搭建投放，如图 3-15 所示。

图 3-15　添加资源位创意图片

3.3　超级推荐介绍

超级推荐是在手机淘宝的"猜你喜欢"等推荐场景中穿插的原生形式信息的推广产品。超级推荐推广的核心目的是用内容创造出消费需求，用商品挖掘出潜在客户。超级推荐推广的流量获取形式是以站内外渠道高效覆盖消费者，其渠道包括猜你喜欢、有好货、今日头条等优质站内外信息流媒体资源，能够获得海量客户流量，其投放形式丰富，支持商品、图文、直播等多种形式，可以满足商家在信息流时代的精准数字营销的需求。

加入超级推荐推广的操作流程：打开淘宝网，登录店铺账户，依次点击"我的淘宝→卖家中心→营销中心→我要推广→营销入口→常用链接→超级推荐"，然后点击"立即行动"按钮进入，如图 3-16 所示。

超级推荐主要有商品推广、图文推广、直播推广等三种推广方式，下面会对每个推广方式进行介绍。

图 3-16　超级推荐

3.3.1　超级推荐商品推广

商品推广是以商品为主体的营销推广方式，包含新品获客、爆款拉新等多个智能营销场景，按点击扣费。

超级推荐商品推广需要设置的项目主要有计划名称、投放日期、每日预算、时段设置、地域设置、单元名称、推广宝贝、定向人群及出价、投放资源位、出价、添加创意等。

（1）根据店铺营销目标，可选择推广主体，例如搭建商品推广计划，如图 3-17 所示。

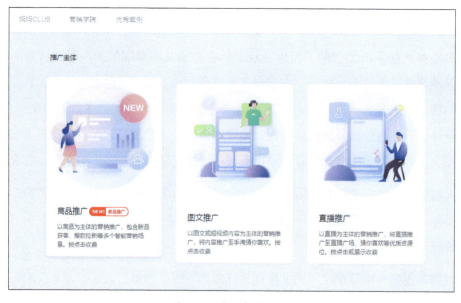

图 3-17　商品推广计划

（2）选择计划类型。计划类型包括 3 种，分别是新品推广、爆款拉新和自定义，如图 3-18 所示。新品推广的特点是：①绿色通道，可以加速新品成长；②智能选择新品的偏好人群；③提供专属创意，能够凸显新品优势。爆款拉新的特点是：①智能拉新，帮助新品触达优质新客；②能够追踪到新客轨迹。自定义的特点是：可以自助设置定向人群、资源位、出价、创意等，进行商品推广。

① 新品推广需要设置的项目有优化目标、侧重人群、计划名称、投放日期、每日预算、时段设置、地域设置等，付费方式是按点击付费（CPC）。优化目标的选择如图 3-19 所示。

新品推广的设置单元的"推广宝贝"页面如图 3-20 所示，可以添加推广宝贝（单次最多可以添加 40 个宝贝，生成多个推广单元），如图 3-21 所示。

图 3-18　选择计划类型

图 3-19 新品推广设置优化目标

图 3-20 "推广宝贝"页面

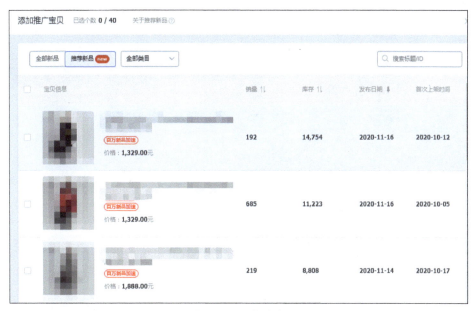

图 3-21　添加推广宝贝

在新品推广的营销目标中设置出价和预算，如图 3-22 所示。设置侧重人群溢价，如图 3-23 所示。

图 3-22　设置出价和预算

图 3-23　设置侧重人群溢价

在新品推广的"添加创意"页面中，可以选择长图创意或方图创意，如图 3-24 所示，设置创意推广标题（标题不能超过 40 字符），如图 3-25 所示。

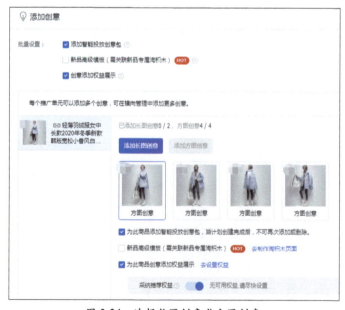

图 3-24　选择长图创意或方图创意

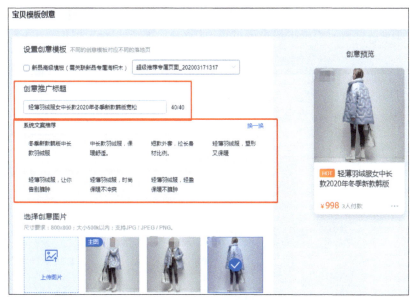

图 3-25　设置创意推广标题

在完成创建后，系统会预估选择的资源位上覆盖的定向人群规模，如图 3-26 所示。

图 3-26　完成创建

② 爆款拉新需要设置的项目有优化目标、计划名称、投放日期、每日预算、时段设置、地域设置等，付费方式采用按点击付费（CPC）。优化目标的选择如图 3-27 所示。

图 3-27　爆款拉新的优化目标选择

爆款拉新的设置单元的"选择宝贝"页面，如图 3-28 所示，可以添加推广宝贝（单次最多可以添加 40 个宝贝，生成多个推广单元），如图 3-29 所示。

在爆款拉新的营销目标中设置推广宝贝的出价和预算，如图 3-30 所示。

图 3-28　"选择宝贝"页面

图 3-29　添加推广宝贝

图 3-30　设置出价和预算

在爆款拉新的"添加创意"页面中可以添加长图创意和方图创意，如图 3-31 所示，设置创意推广标题，如图 3-32 所示。

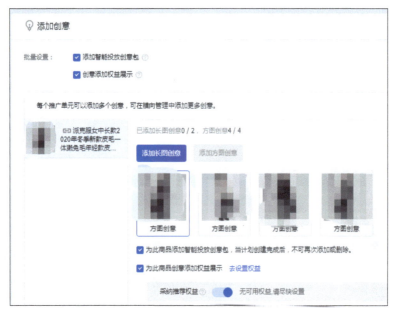

图 3-31 "添加创意"页面

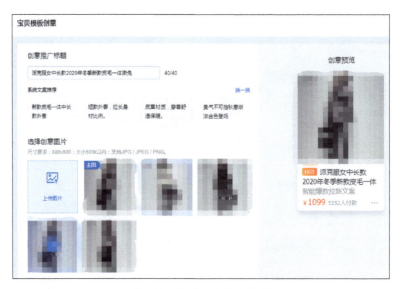

图 3-32 设置创意推广标题

在创建计划完成后，系统会对爆款拉新的覆盖人群进行预估，如图 3-33 所示。

图 3-33　完成创建

③ 自定义计划需要设置的项目有计划名称、投放日期、每日预算、时段设置、地域设置等。付费方式为按点击付费（CPC）。

自定义计划的设置页面如图 3-34 所示，可以添加推广宝贝（单次最多可以添加 40 个宝贝，生成多个推广单元），如图 3-35 所示，设置定向人群，如图 3-36 所示，设置人群出价，如图 3-37 所示，设置资源位及溢价，如图 3-38 所示，添加溢价资源位，如图 3-39 所示。

在自定义计划的"添加创意"页面中可以添加长图创意和方图创意，如图 3-40 所示，设置创意推广标题，如图 3-41 所示。

图 3-34　设置自定义计划

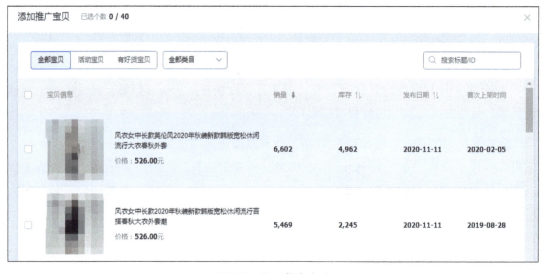

图 3-35　添加推广宝贝

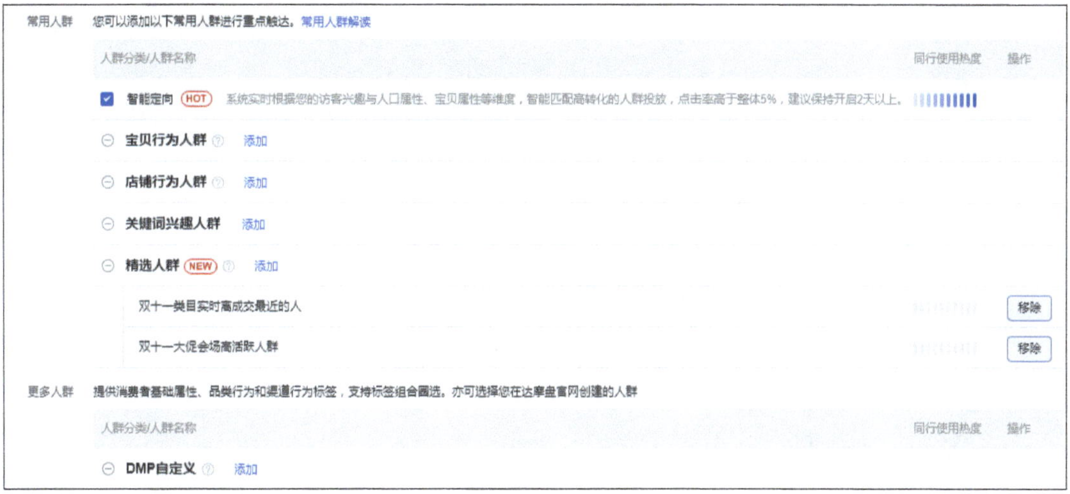

图 3-36 设置定向人群

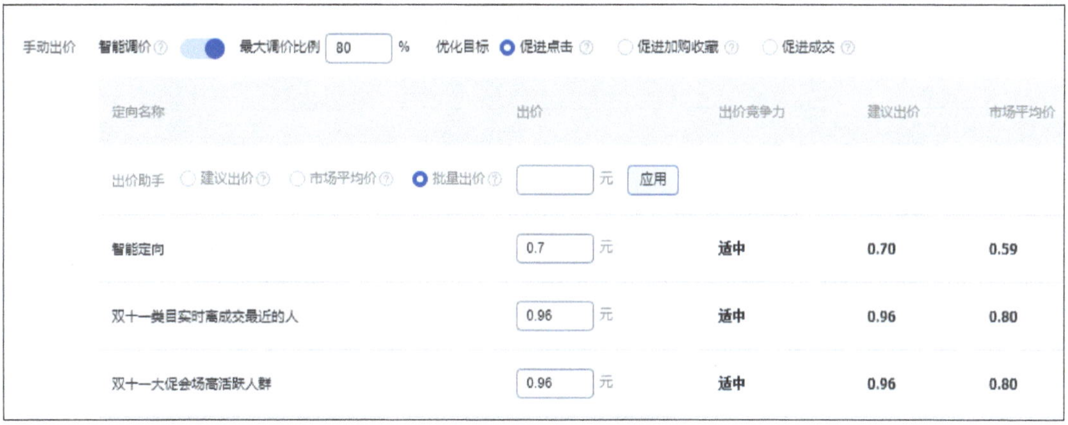

图 3-37 设置人群出价

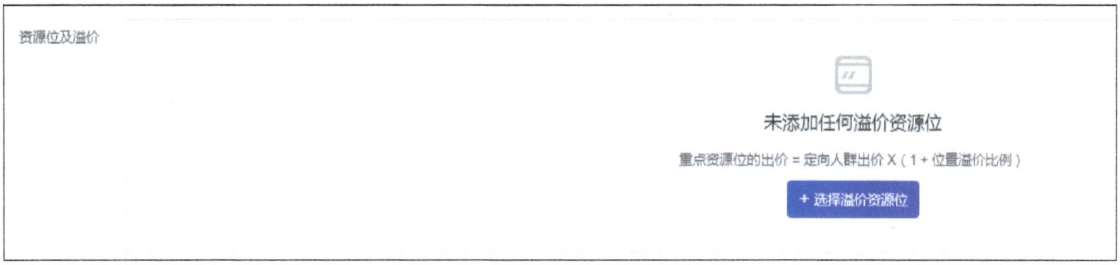

图 3-38 设置资源位及溢价

图 3-39　添加溢价资源位

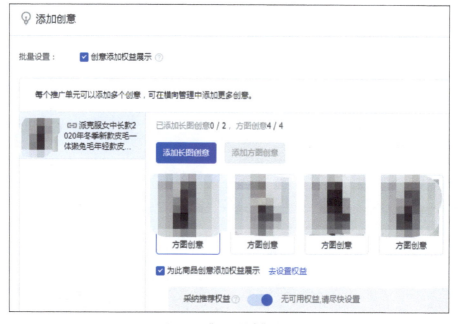

图 3-40　"添加创意"页面

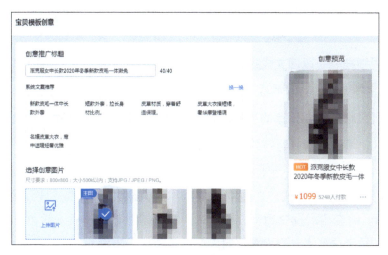

图 3-41　设置创意推广标题

在完成创建计划后，系统会预估选择的资源位上覆盖的定向人群规模，如图 3-42 所示。

图 3-42　完成创建

3.3.2　超级推荐图文／短视频推广

图文／短视频推广是以图文或短视频内容为主体的营销推广，将内容推送到手机淘宝的"猜你喜欢"板块，按点击收费。

图文／短视频推广需要设置的项目主要有资源位设置、计划名称、投放日期、付费方式、每日预算、地域设置、时段设置、投放方式、单元名称、设置定向人群、人群出价、资源位及溢价、添加创意等。

超级推荐图文／短视频推广在建立计划时，可以新建智能投放计划或自定义计划，如图 3-43 所示。前者只需设置预算、投放时间等关键参数，投放人群和资源位的选择由系统自动设置；后者由商家自行设置定向人群、资源位、出价、创意等参数。

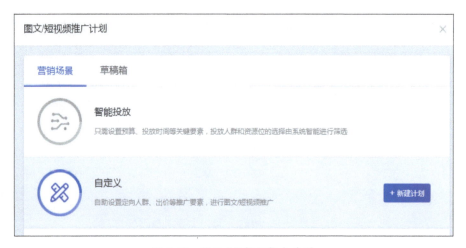

图 3-43　图文／短视频推广计划

（1）新建智能投放计划，需要选择营销参数、设置推广计划，重点关注营销场景、计划名称、投放日期、付费方式（默认是"按点击付费"方式）、预算设置、出价设置等项目，如图 3-44 所示。

图 3-44　智能投放计划

（2）新建自定义计划的步骤如下。

第一步，设置计划。需要设置的项目有计划名称、投放日期、预算设置、付费方式等，如图 3-45 所示。

第二步，设置单元。在"推广内容"板块中点击"添加推广内容"按钮，如图 3-46 所示，根据需要添加推广内容，如图 3-47 所示。

图 3-45　自定义计划

图 3-46　点击"添加推广内容"按钮

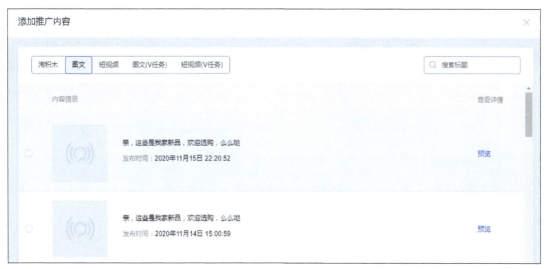

图 3-47　添加推广内容

第三步，选择定向人群，如图 3-48 所示。

图 3-48　选择定向人群

第四步，设置人群出价，如图 3-49 所示。

第五步，设置资源位及溢价。在"资源位及溢价"页面，点击"选择溢价资源位"按钮，如图 3-50 所示。添加溢价资源位，如图 3-51 所示。

图 3-49　设置人群出价

图 3-50　点击"选择溢价资源位"按钮

图 3-51　添加溢价资源位

第六步，添加创意。在"添加创意"页面，选择创意模板，点击"开始制作"按钮，如图 3-52 所示。在"新增创意"页面中选择目标商品并点击"下一步"按钮，如图 3-53 所示。对目标商品主图进行设置，如图 3-54 所示。

图 3-52   "添加创意"页面

图 3-53   "创意在线制作"页面

图 3-54　对目标商品主图进行设置

第七步，完成创建。在完成创建后，系统会预告计划覆盖人群，如图 3-55 所示。

图 3-55　完成创建

3.3.3　超级推荐直播推广

直播推广是以直播为主体的营销推广，将直播内容推广到"直播广场""猜你喜欢"等优质资源位，按点击次数或展示次数收费。

直播推广需要设置的项目主要有资源位、计划名称、投放日期、付费方式、每日预算、地域设置、时段设置、投放方式、单元名称、定向人群、人群出价、资源位及溢价、添加创意等。

（1）在直播推广的设置计划中设置基本信息，如图 3-56 所示。

图 3-56　设置计划

（2）在直播推广的设置单元中设置推广直播、定向人群、人群出价、资源位及溢价，如图 3-57 所示。

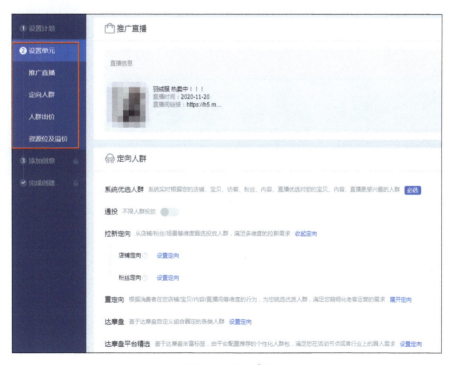

图 3-57　设置单元

（3）在"推广直播"板块，系统已经自动抓取了一个直播，点击"替换"按钮，如图 3-58 所示，替换推广直播，如图 3-59 所示。

（4）在"定向人群"板块，选择定向人群，如图 3-60 所示。

（5）在"人群出价"板块，设置人群出价，如图 3-61 所示。

（6）在"资源位及溢价"板块，点击"选择溢价资源位"按钮，如图 3-62 所示，添加溢价资源位，如图 3-63 所示。

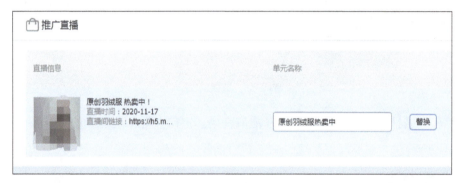

图 3-58 "推广内容"板块

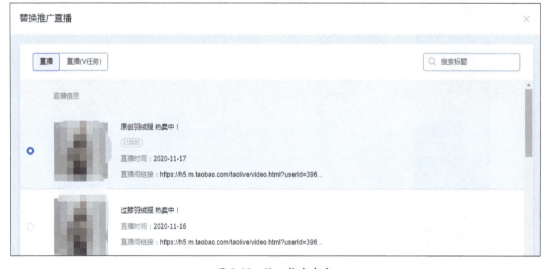

图 3-59 添加推广内容

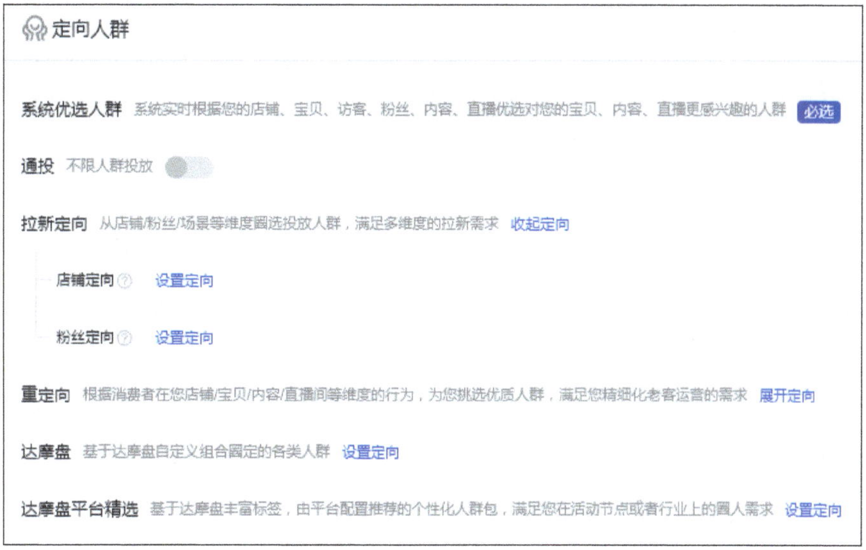

图 3-60 选择定向人群

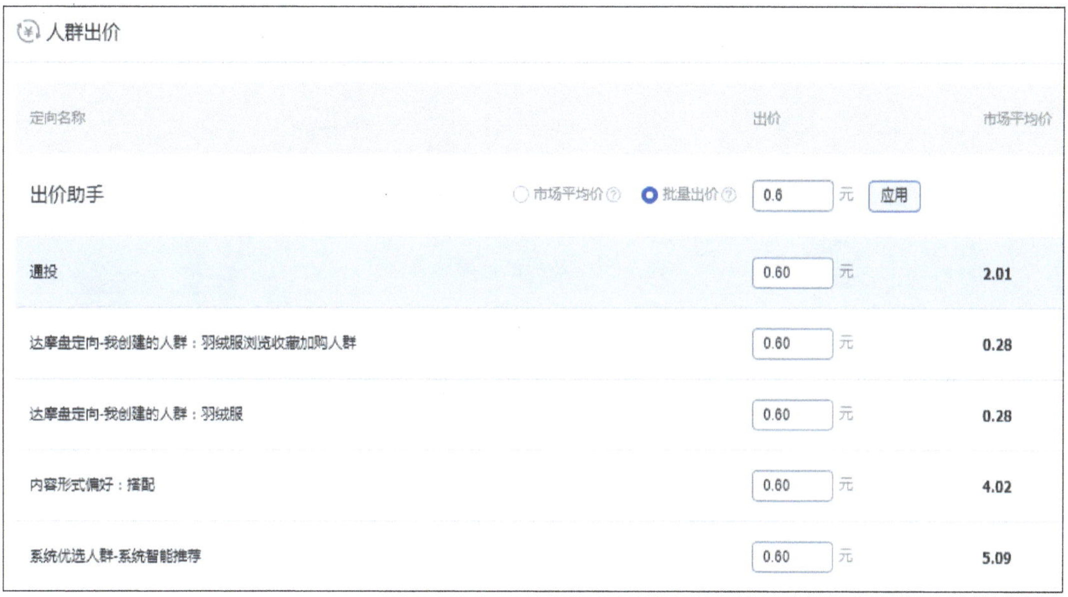

图 3-61 设置人群出价

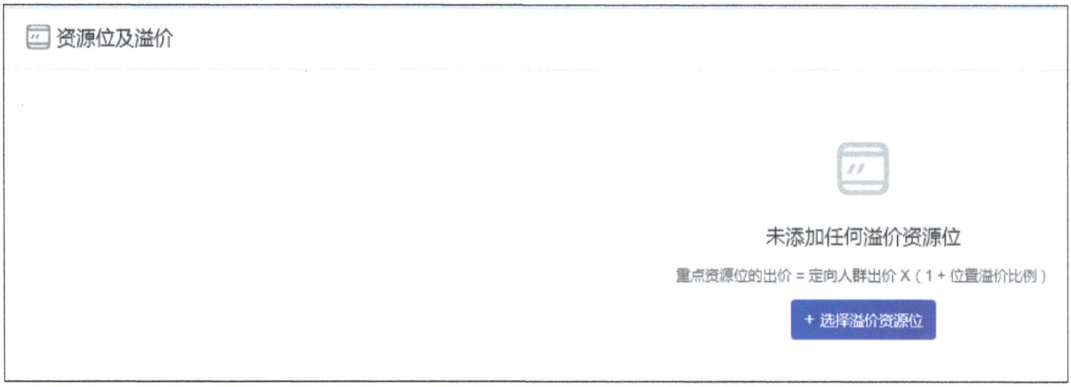

图 3-62　点击"选择溢价资源位"按钮

图 3-63　添加溢价资源位

综上所述，在实际的店铺推广过程中，使用超级推荐进行推广的场景非常多。超级推荐可以帮助店铺进行商品、图文、短视频、直播、淘积木等多种形式推广，完成店铺的内容流量获取，满足店铺商品内容引流需求。

3.4　淘宝客工具介绍

淘宝客工具是一种按照成交效果进行付费的推广工具，店铺可以针对商品进行佣金设置，淘宝客根据店铺商品设置的佣金进行推广，如果有买家通过淘宝客分享链接购买商品，那么在交易完成之后，卖家会按照佣金比例结算推广费给淘宝客，如图 3-64 所示。

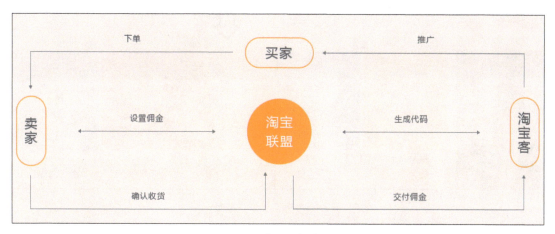

图 3-64　淘宝客推广方式

淘宝客根据成交金额进行佣金扣除，佣金计算公式如下。

支付佣金 = 宝贝实际成交金额（不含运费）× 卖家设置的佣金比例

举例：女装店铺某商品的实际售价 100 元，淘宝客佣金比例设置为 10%，如果商品通过淘宝客成交，那么店铺支付给淘客 10 元佣金。

加入淘宝客的条件如下。

（1）淘宝集市店铺：①店铺等级在 1 心及以上或参加了消费者保障；②在线商品数量大于或等于 10 个；③店铺动态评分各项分值均不低于 4.5。

（2）企业店铺和天猫店铺：①在线商品数量大于或等于 10 个；②店铺动态评分各项分值均不低于 4.5。对于企业店铺和天猫店铺加入淘宝客，没有信誉方面的要求。

淘宝客推广的优势在于：①以推广为先，展示和点击均免费，只在成交之后才付费，有效地降低了店铺的投入成本；②淘宝客的佣金可以根据商品的利润空间进行个性化设置，商家可以跟踪商品的推广效果，投资回报率可以控制。

加入淘宝客推广的操作流程：打开淘宝网，登录店铺账户，点击"我的淘宝→卖家中心→营销中心→我要推广→营销入口→常用链接→淘宝客推广"，然后点击"开始拓展"按钮进入，如图 3-65 所示。

图 3-65　淘宝客推广路径

新店铺加入淘宝客的步骤如下。

（1）需要查看《淘宝客推广软件产品使用许可协议》，请仔细阅读，确定合同没有问题，则可以确认同意协议，点击"确认"按钮，如图 3-66 所示。

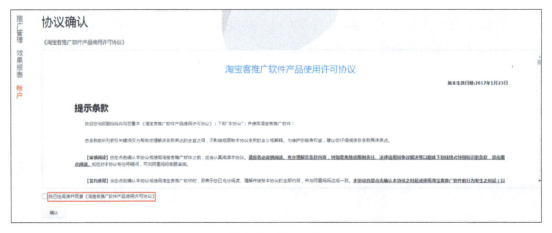

图 3-66　协议确认

（2）点击"确认"按钮后，页面会弹出"提示"窗口，阅读后如果认为没有问题，再点击"确定"按钮，如图 3-67 所示。

（3）输入支付宝账户、支付密码、校验码等信息，点击"同意协议并提交"按钮后即可参加淘宝客推广，如图 3-68 所示。

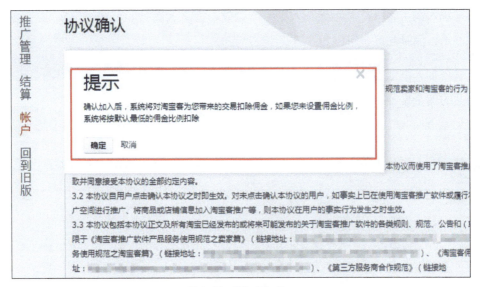

图 3-67 "提示"窗口

图 3-68 开通"支付宝账户付款"服务

如果店铺加入淘宝客推广，则默认店铺所有商品都参加推广，没有设置佣金比例的商品，系统会默认按照商品所在类目的最低佣金比例计算佣金，例如女装类目的最低佣金比例是 5%，那么加入淘宝客推广的女装店铺的商品，如果没有设置佣金比例，则会被默认按照 5% 比例计算佣金。店铺可以把某款商品作为主推商品单独设置佣金比例，也可以为每一款商品自定义设置佣金比例，但不得低于类目的最低佣金比例。

店铺加入淘宝客推广，当天加入则当天生效，第 2 天商品即可在淘宝联盟后台被搜索出来并展示，同时商品也可以报名互动招商活动。

店铺在加入淘宝客推广之后，进入淘宝客后台，就会见到淘宝客推广界面，可以进行店铺商品的佣金设置，如图 3-69 所示。

图 3-69　淘宝客推广界面

淘宝客推广可以创建 4 种推广计划，分别是通用计划、定向计划、如意投计划和活动计划。

（1）通用计划是指卖家加入淘宝客推广后默认开启的计划，由淘宝客单独获取某个商品或店铺的推广链接，将之发送到淘宝网以外的地方进行推广。全店商品可以都参加通用计划，可以设置类目最低的佣金比例、佣金范围，类目最低佣金比例区间为 0 ~ 50%，通用计划不可以暂停和删除。

（2）定向计划与通用计划不同，由卖家在后台自行创建，可以自定义一些功能。目前只能设置不公开且手动审核的定向计划。定向计划也可以让全店商品都参加，按类目最低佣金比例结算。类目最低佣金比例区间为 0 ~ 70%。定向计划在运行 7 天后可以手动暂停，但是一旦暂停，就无法重新启动，商家在暂停计划后只能删除计划。

（3）如意投计划需要商家进行激活，由阿里妈妈系统根据商品佣金比例及商品综合质量情况，将商品智能推送到爱淘宝搜索结果页、中小网站橱窗推广等位置。类目最低佣金比例为 0 ～ 50%。如意投计划可随时暂停，但是在暂停 15 天以后才能再次开启。不能删除如意投计划。

（4）活动计划是商家报名淘宝客发起的互动招商活动后，由系统自动生成的计划（便于查看报名活动的商品和活动效果数据）。类目最低佣金比例区间为 0 ～ 90%。一旦商家报名成功，就不能中途退出活动计划，也不能修改佣金比例。活动计划不能被删除，等到活动结束时其会自动失效。

店铺可以根据商品的推广需求、毛利润空间进行佣金设置。举个例子，假设一家女装店铺的一款商品的成本是 50 元，销售价格是 100 元，毛利润是 50 元，那么综合其他成本，可以在 10% 到 30% 之间设置佣金比例，进行淘宝客推广。在设置佣金比例的时候，佣金比例符合店铺的利润空间就是合理状态。

对于店铺来说，使用淘宝客推广，可以获取更多的流量和曝光量，升级店铺的流量渠道，提升店铺的销售额。

第 4 章

网店免费推广方法

网店推广目前核心玩法分为免费引流、付费引流、内容引流、站外引流等4部分内容，从本章开始，笔者将使用三个章的篇幅为大家介绍店铺推广的免费引流、付费引流和内容引流等内容，帮助大家了解店铺站内引流的玩法策略，提升店铺的引流推广能力，帮助店铺实现销售额增长。本章主要围绕手淘搜索渠道和手淘推荐渠道的流量提升方法进行讲解。

4.1 手淘搜索流量玩法

手淘搜索流量作为一种重要的免费流量，一直是很多店铺的核心流量来源。如今，店铺流量的来源越来越分散，以前是人找货，现在是货找人，随着内容流量不断增加，手淘推荐流量、手淘直播流量、手淘频道流量逐渐分走流量，手淘搜索流量的获取已经越来越难。如何高效获取手淘搜索流量，也成为很多店铺需要学习的一个重要推广知识。

当前，店铺提升手淘搜索流量经常遇到以下问题。

（1）不知道通过什么数据来选择关键词。

（2）不清楚标题词条的组合方式。

（3）不知道提升手淘搜索流量的流程和方式。

（4）不了解客户搜索关键词进店的效果。

手淘搜索是店铺获取关键词流量的重要方式，通过选择关键词，进行标题制作，获取搜索流量。手淘搜索流量玩法主要分为 5 个步骤：①选择商品的关键词；②使用商品的关键词组合标题；③根据商品的销量变化优化关键词；④放大品类搜索流量；⑤进行关键词流量获取效果复盘，从而验证手淘搜索关键词获取流量的效果和价值。

4.1.1   如何进行品类关键词数据分析

根据店铺商品的类目、属性、价格等参数进行关键词的数据采集分析，通过生意参谋市场搜索洞察进行关键词选词分析，找到符合商品的关键词。

店铺使用的品类关键词选词工具是生意参谋的市场洞察专业版或者市场洞察标准版，如图 4-1 所示。商家可以根据自身需求选择购买工具，新店铺建议选择市场洞察标准版。

图 4-1   市场洞察专业版和市场洞察标准版

这款工具的搜索洞察主要分为三大板块，如图 4-2 所示。

（1）搜索排行：进行数据分析，了解同一品类下的搜索需求排名。

（2）搜索分析：分析与商品相关联的关键词数据。

（3）搜索人群（专业版功能）：针对关键词背后的人群进行数据分析，了解关键词背后的人群是否匹配商品的类目属性。

图 4-2　搜索洞察的三大板块

1．搜索排行

通过搜索洞察的搜索排行，商家可以了解同一品类下热门搜索词的排行数据，了解客户对品类的细分需求，例如对于女装的连衣裙品类，可以了解该品类最近 7 天、最近 30 天，或者具体某一天的搜索排名情况，通过热搜需求，可以找到符合自身店铺的关键词（即搜索词）。如图 4-3 所示，可以看到女装的连衣裙品类的最近 7 天热搜排名的前 3 名搜索词，分别是"连衣裙""连衣裙 2019 新款夏""年中特卖会"。

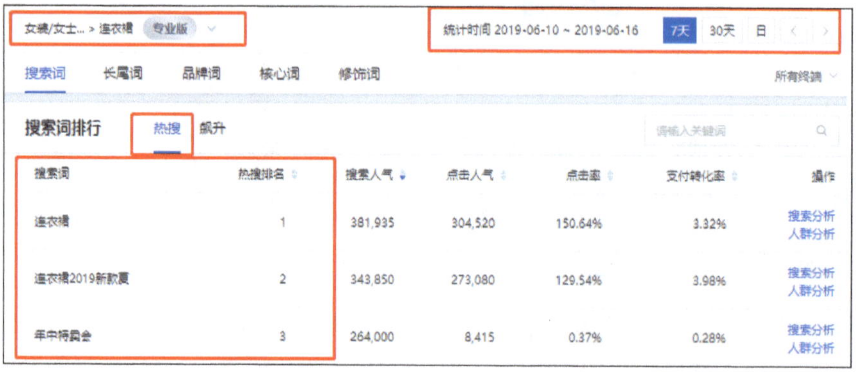

图 4-3　生意参谋子品类的搜索词排行

通过搜索洞察的搜索词排行，商家还可以查看飙升搜索词排行数据，可以了解同一品类下的搜索词飙升数据，了解最近 7 天、最近 30 天，或者具体某一天的搜索词的搜索增长幅度、搜索人气变化。搜索量提升迅速的搜索词，证明该市场需求最近一段时间正在增长，如果飙升搜索词刚好和店铺商品匹配，最近 7 天的搜索人气数据也比较稳定，店铺就可以使用该搜索词作为关键词，提升店铺的关键词流量。如图 4-4 所示，可见飙升搜索词数据。

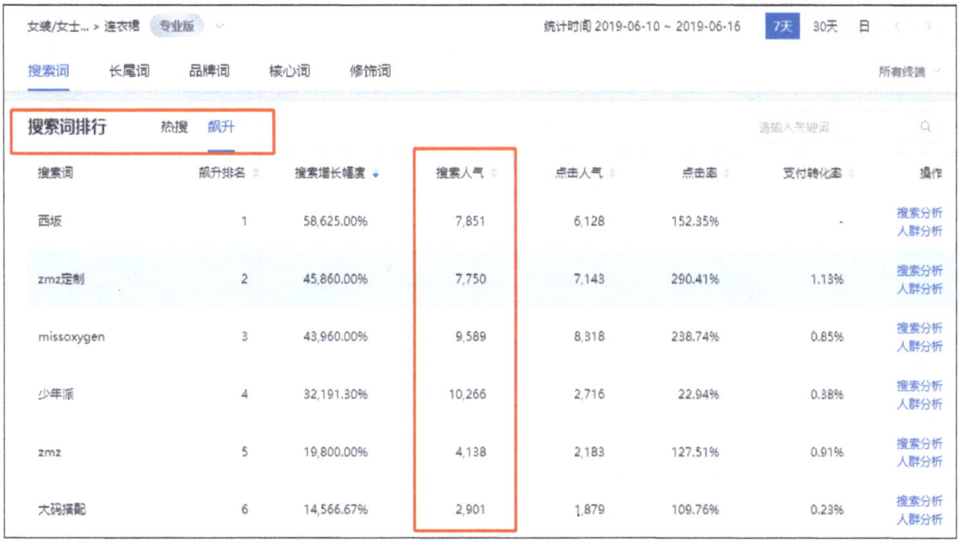

搜索词	飙升排名	搜索增长幅度	搜索人气	点击人气	点击率	支付转化率	操作
西坂	1	58,625.00%	7,851	6,128	152.35%	-	搜索分析 人群分析
zmz定制	2	45,860.00%	7,750	7,143	290.41%	1.13%	搜索分析 人群分析
missoxygen	3	43,960.00%	9,589	8,318	238.74%	0.85%	搜索分析 人群分析
少年派	4	32,191.30%	10,266	2,716	22.94%	0.38%	搜索分析 人群分析
zmz	5	19,800.00%	4,138	2,183	127.51%	0.91%	搜索分析 人群分析
大码搭配	6	14,566.67%	2,901	1,879	109.76%	0.23%	搜索分析 人群分析

图 4-4　飙升搜索词的数据

在搜索洞察的搜索词排行的热搜排行中，可以进行搜索词数据采集分析，例如采集女装的连衣裙品类的最近 7 天热搜搜索词排行，从而确定店铺适用的关键词，以进行更深入的数据分析。如图 4-5 所示，商家找到了连衣裙的一个细分搜索词“吊带连衣裙”，可以对之进行更深入的数据分析。

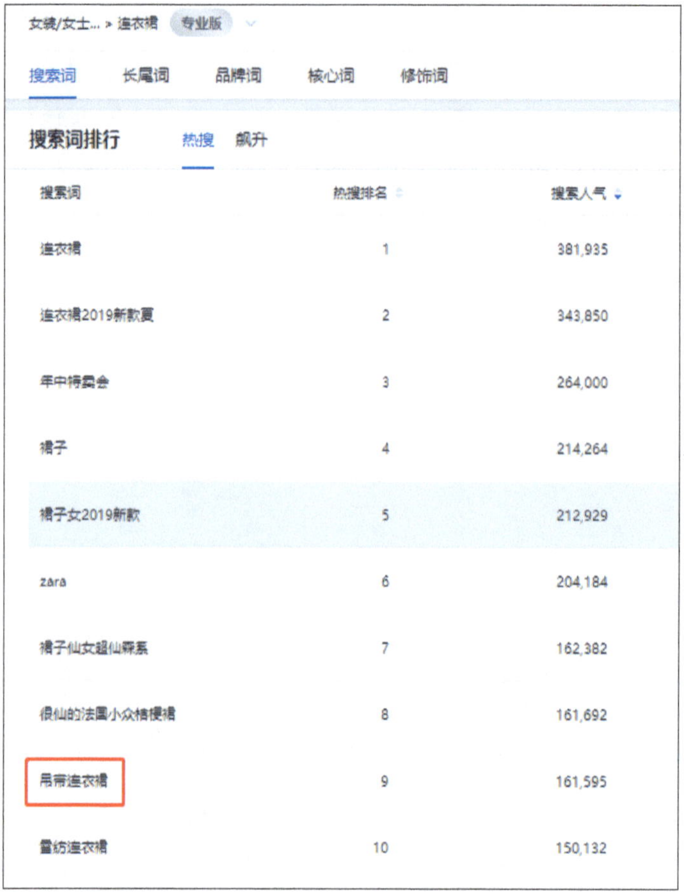

女装/女士... > 连衣裙 专业版

搜索词 长尾词 品牌词 核心词 修饰词

搜索词排行 热搜 飙升

搜索词	热搜排名	搜索人气
连衣裙	1	381,935
连衣裙2019新款夏	2	343,850
年中特卖会	3	264,000
裙子	4	214,264
裙子女2019新款	5	212,929
zara	6	204,184
裙子仙女超仙森系	7	162,382
很仙的法国小众桔梗裙	8	161,692
吊带连衣裙	9	161,595
雪纺连衣裙	10	150,132

图 4-5　品类搜索词的热搜排行

2. 搜索分析

通过搜索洞察的搜索分析，可以了解市场中同一品类的搜索词，然后对搜索词进行数据采集和分析，如图 4-6 所示。

通过对搜索词的数据概况进行趋势分析，可以了解搜索词在一段时间内（比如最近 7 天、最近 30 天）的趋势变化，或者具体某一天的搜索人气变化，了解搜索词的搜索人气、搜索热度、点击人气、点击热度、点击率、交易指数、支付转化率的变化趋势，根据趋势可以了解搜索词的市场需求变化，例如可以看到搜索词“吊带连衣裙”最近 30 天的趋势比较平稳，没有太大的搜索幅度变化，如图 4-7 所示。

图 4-6　生意参谋的搜索词分析

图 4-7　生意参谋的搜索词趋势分析

通过对搜索洞察的相关词分析，可以分析搜索词的相关搜索词，了解相关搜索词的最近 7 天、最近 30 天，或者具体某一天的搜索人气、支付转化率、在线商品数、商城点击占比、直通车参考价等数据，通过这些数据判断搜索词是否适用于店铺。图 4-8 所示为搜索词的相关词分析。

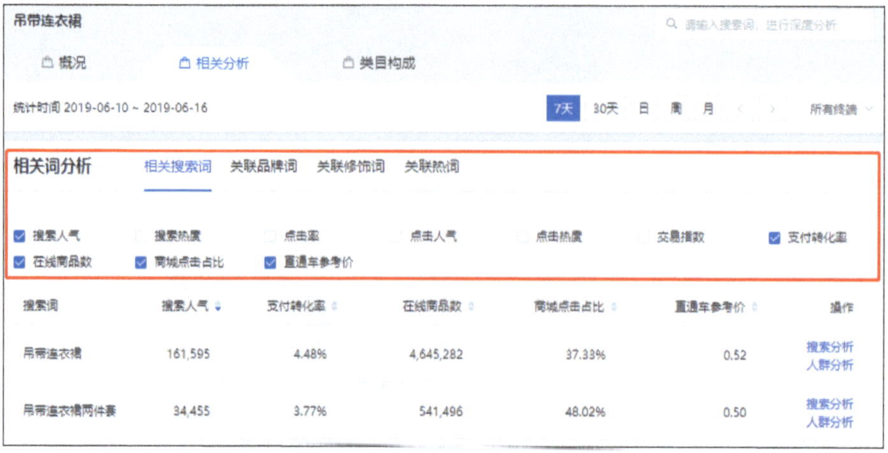

图 4-8　生意参谋的搜索词相关词分析

通过搜索洞察的搜索词类目构成分析，可以了解搜索词类目构成，了解搜索词在类目下的点击人气数据排行。搜索词在哪个类目下的点击人气最高、点击人数占比越大，搜索词往往就适用于哪个类目。图 4-9 所示为搜索词的类目构成分析。

3．搜索人群

通过搜索洞察的搜索人群，可以对搜索词搜索人群进行分析，了解搜索词背后人群的画像，了解搜索词背后客户的性别、年龄、职业、购买的省份／城市、购买的品牌偏好／价格偏好，了解搜索词和店铺的人群标签、商品价格是否匹配，如果搜索词人群和店铺目标客户人群标签吻合，则可以使用搜索词作为关键词。如图 4-10 所示，可以看到"吊带连衣裙""雪纺连衣裙""真丝连衣裙"3 个搜索词背后人群的属性画像的性别分析。

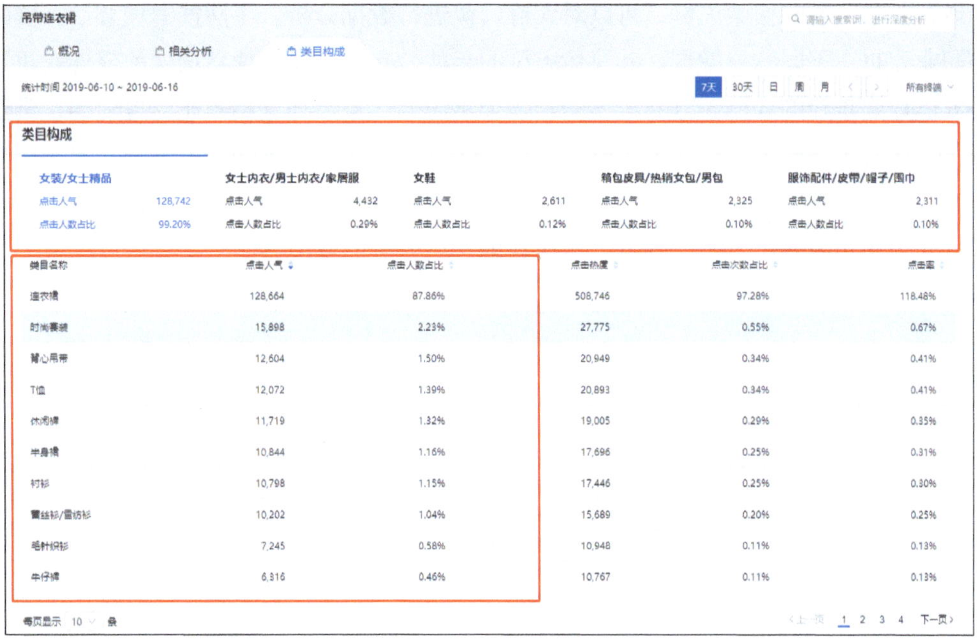

图 4-9　生意参谋的搜索词类目构成分析

图 4-10　生意参谋搜索人群的属性画像的性别分析

通过搜索洞察的搜索人群，可以对人群画像进行数据分析，了解搜索词背后人群的年龄和职业分布。不同的搜索词，其背后人群的年龄分布不一样，搜索词"吊带连衣裙"的背后人群是偏年轻的人群，分布最多的年龄为 18 ~ 24 岁，与之相对比，搜索词"真丝连衣裙"的背后人群的分布最多的年龄是 40 ~ 49 岁。选择搜索词作为关键词，要考虑店铺目标客户人群的年龄定位，这样的关键词流量进店的精准度会更高。图 4-11 所示为搜索词背后人群的年龄分析、职业分析。看搜索词背后人群的年龄分布，主要看占比最多的年龄段。

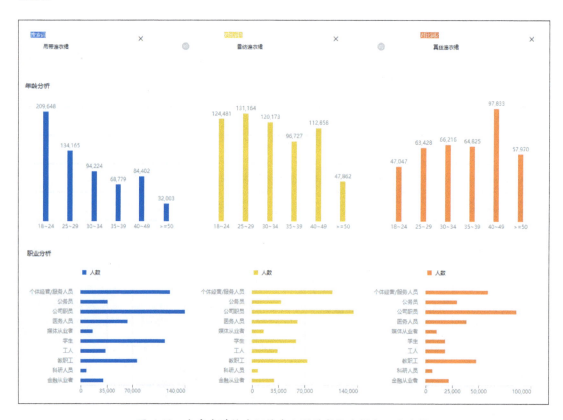

图 4-11 生意参谋搜索词搜索人群的年龄分析和职业分析

通过搜索洞察的搜索人群，还可以了解搜索词背后人群所在的省份、城市的搜索人气排名，根据搜索词背后人群集中的省份、城市，可以匹配直通车、智钻展位、超级推荐的地区推广，优化搜索词获取流量的精准度。如图 4-12 所示，为"吊带连衣裙""雪纺连衣裙""真丝连衣裙"3 个搜索词背后人群的省份、城市分布排名。

图 4-12　生意参谋搜索词搜索人群地域分析

　　通过搜索洞察的搜索人群，还可以了解搜索词背后人群的品牌购买偏好、类目偏好、支付价格偏好。如图 4-13、图 4-14 所示，可以看到不同搜索词背后人群的品牌偏好和类目偏好。如图 4-15 所示，可以看到不同搜索词背后人群的支付偏好。

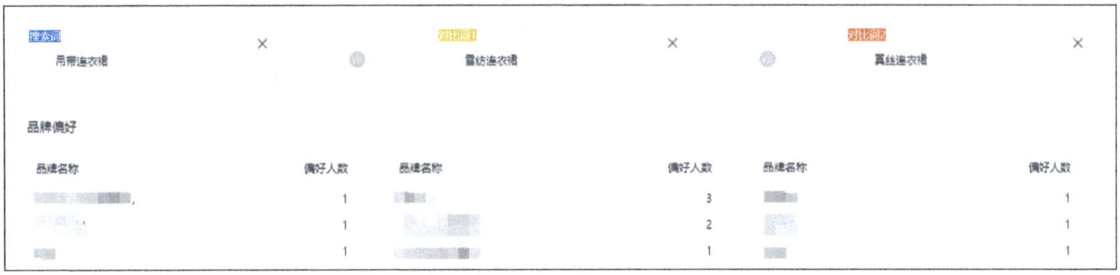

图 4-13　生意参谋搜索人群品牌偏好分析

图 4-14　生意参谋搜索人群类目偏好分析

图 4-15　生意参谋搜索人群支付偏好分析

综上所述，通过该工具，可以清晰地了解搜索词的市场需求、市场容量，了解搜索词背后人群的特点。通过对搜索词进行分析，可以明确搜索词是否适合店铺使用，能否为店铺带来有效的流量并提升转化率，从而获得优质的关键词。

4.1.2　如何根据数据做出优质商品标题

店铺商品标题制作过程：首先制作品类关键词的词表，然后通过关键词词表进行数据筛选，找到匹配商品的词条，最后通过组合词条形成符合商品的标题。通过标题的关键词，商品能够获取搜索流量。

制作商品标题的核心就是"围绕关键词"，但是不同类型的店铺会对关键词有所选择，例如网红类型的店铺在写商品标题时会优先采用网红的名称。

品牌店铺写标题时会优先采用品牌名称，如图 4-16 所示。使用店铺注册的商标、品牌词进行标题制作，可以帮助店铺提升品牌知名度，提升品牌客户认知，从而提升搜索人气。

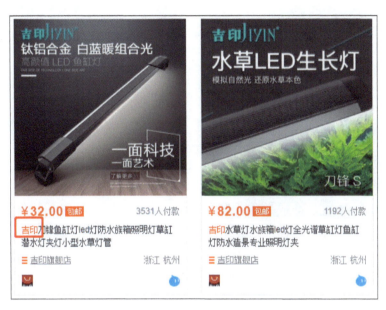

图 4-16 吉印天猫店铺的商品标题

在制作标题之前，首先要对商品类目、视觉、价格、人群等属性进行分析，了解关键词的方向，然后进行关键词数据采集和整理。如图 4-17 所示，这款商品属于连衣裙类目，售价是 289 元，属于夏季新款，目标人群的年龄是 25 ～ 29 岁，风格是通勤简约，基于这些属性，商家可以进行关键词的筛选和选择，从而制作优质的标题。

在对商品属性进行分析后，分 3 步进行标题制作：①根据商品属性制作关键词词表；②在关键词词表中进行筛选，找到适合商品的关键词；③提取优质词条，并将之组合为标题。

具体操作步骤如下。

（1）选择"市场行情→搜索洞察→搜索排行→热搜"，选择近 7 天的数据、目标类目，进行类目热搜词的数据采集和下载，如图 4-18 所示。

图 4-17　商品的标题与属性相关

图 4-18　连衣裙类目热门搜索词排行

通过对热门搜索词进行分析，找到该类目下可以和商品匹配的搜索词，进行相关搜索词分析，如表 4-1 所示，筛选出符合商品的搜索词。

（2）根据符合商品的热搜词，进行相关搜索词的数据分析。选择"市场行情→搜索分析→相关分析→相关词分析"，选择最近 7 天，选择"相关搜索词"选项，勾选搜索人气、搜索热度、点击率、商城点击占比、在线商品数、交易指数、支付转化率、点击人气（要求该参数 ≥ 2000，以挖掘"神词"）等参数，进行数据采集并下载，如图 4-19 所示。

表 4-1 连衣裙类目搜索词排行筛选

搜索词	热搜排名	搜索人气	点击人气	点击率	支付转化率	操作
▩▩▩裙子	1	401,385	220,085	72.54%	1.90%	搜索分析 人群分析
连衣裙	2	350,988	282,099	134.46%	3.50%	搜索分析 人群分析
连衣裙2019新款夏	3	289,452	236,054	116.82%	4.46%	搜索分析 人群分析
裙子女2019新款	4	191,530	149,780	103.31%	3.36%	搜索分析 人群分析
裙子	5	190,806	139,857	108.96%	2.72%	搜索分析 人群分析
2019流行裙子	6	158,337	125,090	103.78%	3.43%	搜索分析 人群分析
zara	7	151,956	129,097	493.74%	2.13%	搜索分析 人群分析
吊带连衣裙	8	149,528	120,924	131.91%	4.57%	搜索分析 人群分析
连衣裙收腰显瘦 气质	9	140,489	110,031	111.91%	4.50%	搜索分析 人群分析
裙子仙女超仙森系	10	138,741	105,977	99.13%	3.98%	搜索分析 人群分析
雪纺连衣裙	11	133,930	112,345	121.46%	4.71%	搜索分析 人群分析
连衣裙女	12	128,306	102,430	125.37%	3.08%	搜索分析 人群分析
牛油果绿连衣裙	13	126,648	100,535	108.48%	5.84%	搜索分析 人群分析
智黑裙法式桔梗裙	14	124,148	88,155	103.79%	3.76%	搜索分析 人群分析
牛油果绿	15	123,600	78,821	80.08%	2.97%	搜索分析 人群分析
碎花连衣裙	16	122,826	85,263	105.00%	3.20%	搜索分析 人群分析
eggsshop▩▩	17	122,111	65,243	56.82%	2.04%	搜索分析 人群分析
女裙	18	121,918	87,575	134.43%	2.75%	搜索分析 人群分析
吊带裙	19	106,351	85,594	142.52%	3.93%	搜索分析 人群分析
2019年流行裙子	20	104,281	81,147	102.01%	2.66%	搜索分析 人群分析
连衣裙仙女超仙 甜美	21	102,316	79,186	108.06%	3.56%	搜索分析 人群分析
棉麻连衣裙	22	101,490	83,681	122.36%	4.98%	搜索分析 人群分析
很仙的法国小众桔梗裙	23	100,735	74,049	102.56%	3.37%	搜索分析 人群分析

图 4-19 关键词"连衣裙"的相关搜索词的数据采集

将热门搜索词作为核心词，制作相关搜索词的词表，进行关键词的竞争度分析。关键词的竞争度的计算公式如下。

$$关键词的竞争度 = 在线商品数 / 搜索人气$$

竞争度与搜索人气高低、在线商品数相关。在线商品数越少，搜索人气越高，则关键词的竞争度越小。

通过搜索人气、在线商品数、商城点击占比等数据判断关键词是否适合放入商品标题，如图 4-20 所示。

搜索词	搜索人气	搜索热度	支付转化率	在线商品数	商城点击占比	竞争度	操作
港风连衣裙 气质	64,108	141,087	3.30%	4,198	65.68%	0.07	搜索分析人群分析
风连衣裙抹茶绿	39,865	75,806	3.80%	4,526	74.54%	0.11	搜索分析人群分析
▅▅风连衣裙网红抖音	77,683	158,493	2.53%	11,710	76.86%	0.15	搜索分析人群分析
连衣裙高个子170夏季	40,799	75,085	1.43%	8,513	63.79%	0.21	搜索分析人群分析
三十五至四十岁连衣裙	48,012	115,823	1.73%	10,244	67.93%	0.21	搜索分析人群分析
风连衣裙侧系	43,068	90,853	2.25%	40,605	77.52%	0.94	搜索分析人群分析
连衣裙气质小香风 v领	56,593	111,989	2.80%	53,804	58.89%	0.95	搜索分析人群分析
牛油果绿连衣裙	126,648	330,011	5.84%	163,381	52.29%	1.29	搜索分析人群分析
网红裙子抖音连衣裙	55,862	118,631	2.56%	81,439	68.97%	1.46	搜索分析人群分析
贵夫人连衣裙 阔太太	63,015	188,305	4.52%	98,801	76.42%	1.57	搜索分析人群分析
▅▅风连衣裙	39,427	87,256	2.83%	70,369	71.50%	1.78	搜索分析人群分析
30—40连衣裙	44,641	121,584	2.54%	105,683	73.18%	2.37	搜索分析人群分析
连衣裙收腰法式 超仙	56,822	141,343	3.06%	145,143	59.11%	2.55	搜索分析人群分析
旗袍改良版连衣裙	108,818	294,397	3.39%	287,677	49.71%	2.64	搜索分析人群分析
有气质的连衣裙 高端	44,165	119,147	2.91%	138,135	83.57%	3.13	搜索分析人群分析
棉绸连衣裙	64,791	198,584	7.36%	206,216	45.35%	3.18	搜索分析人群分析
牛果绿连衣裙	44,371	87,011	3.22%	163,067	53.59%	3.68	搜索分析人群分析
一字肩连衣裙	88,927	263,237	4.36%	339,265	36.50%	3.82	搜索分析人群分析
小香风连衣裙	67,287	193,966	4.84%	284,938	33.80%	4.23	搜索分析人群分析
娃娃领连衣裙	66,571	196,052	4.25%	288,869	41.18%	4.34	搜索分析人群分析
连衣裙减龄少女	39,387	83,208	1.97%	185,063	31.93%	4.70	搜索分析人群分析
真丝桑蚕丝连衣裙	52,288	175,798	4.45%	290,666	53.66%	5.56	搜索分析人群分析
桑蚕丝连衣裙	49,525	162,040	3.72%	290,655	56.10%	5.87	搜索分析人群分析
哺乳连衣裙	55,455	181,569	10.71%	337,293	30.93%	6.08	搜索分析人群分析
露背连衣裙	47,354	147,515	4.05%	289,834	26.13%	6.12	搜索分析人群分析
假两件连衣裙	43,451	123,523	4.15%	289,597	47.01%	6.66	搜索分析人群分析

图 4-20　关键词相关搜索词的筛选（截图）

关键词一定要和商品匹配，以下 4 种类型的关键词不适合放入标题中。

① 含有极限词的关键词

② 材质面料不符合的关键词

③ 人群不适合的关键词

④ 含有与商品无关的品牌词的关键词

（3）筛选出适合商品的关键词后，将之组合为标题。

标题格式如下。

品牌名＋类目属性词（例如连衣裙、裙子）＋核心关键词

可以按照商品销量、关键词竞争度选择核心关键词。新品可以使用长尾词来代替核心关键词。销量排名中游或上游的商品，可以选择竞争度较大、流量较大的核心关键词。

品牌知名度低的店铺，前期可以不把品牌词放入标题中。

使用关键词词表选出的词条组成标题，标题所覆盖关键词的搜索人气数据，就是标题整体的搜索人气数据。基于竞争度可以了解关键词的流量获取能力，如表 4-2 所示。

表 4-2　"连衣裙"相关搜索词组合的词条

搜索词	搜索人气	搜索热度	支付转化率	在线商品数	商城点击占比	竞争度	操作
网红连衣裙	46,864	122,604	2.71%	669,853	43.77%	14.29	搜索分析 人群分析
连衣裙高端 2019 气质	96,566	258,421	3.05%	1,392,664	56.08%	14.42	搜索分析 人群分析
棉麻连衣裙	101,490	305,337	4.98%	1,592,449	51.36%	15.69	搜索分析 人群分析
连衣裙2019新款夏	289,452	844,857	4.46%	6,271,142	52.76%	21.67	搜索分析 人群分析
小个子连衣裙	60,695	193,501	4.74%	1,392,455	53.04%	22.94	搜索分析 人群分析
搜索人气合计	595067	组合词条			连衣裙高端 2019 气质网红棉麻小个子		

要想制作优质标题，在选择关键词的时候就要考虑商品的价格以及属性，尽量选择竞争度小、搜索人气高的关键词。

在选择关键词时，一定要考虑关键词的搜索人气、搜索人群、竞争度，根据数据进行标题组合，不要仅凭自己的感觉和想象组合标题——这种标题是没有办法获取精准的关键词搜索流量的。

4.1.3 如何优化商品标题关键词

首先做店铺商品标题的流量数据分析，可以通过商品流量板块找到"手淘搜索"项目，查看实时、最近 7 天 /30 天、按日 / 按周 / 按月的搜索数据，分析商品搜索流量的趋势，了解商品的手淘搜索流量效果，如图 4-21 所示。

图 4-21　商品手淘搜索流量的数据

然后做店铺商品标题关键词的流量数据分析，通过商品搜索详情了解手淘搜索关键词的实时、最近 7 天 /30 天、按日 / 按周 / 按月的搜索数据，分析商品关键词访客数、收藏人数、加购人数、支付件数和支付转化率，根据关键词访问和转化数据，可以判断关键词的引流效果，如图 4-22 所示。针对标题中引流效果差的关键词进行修改，替换新的关键词。

然后进行店铺商品关键词流量效果数据分析，根据关键词的访客成交效果表进行标题关键词调整优化。可以将关键词数据下载下来，做成表格，截图如图 4-23 所示。

图 4-22　商品标题关键词引流效果分析

来源名称	访客数	浏览量	浏览量占比	店内跳转人数	跳出本店人数	收藏人数	加购人数	下单买家数	下单转化率	支付件数	支付买家数	支付转化率
连衣裙高端 2019 气质	141	142	7.18%	14	139	2	4	0	0.00%	0	0	0.00%
衬衣裙	118	120	6.07%	16	118	5	8	1	0.85%	1	1	0.85%
连衣裙收腰显瘦 气质	118	120	6.07%	12	118	3	2	0	0.00%	0	0	0.00%
衬衫裙	115	115	5.81%	23	112	5	4	1	0.87%	1	1	0.87%
衬衣裙夏	102	102	5.16%	8	102	0	5	0	0.00%	0	0	0.00%
西装连衣裙	77	77	3.89%	8	76	1	1	0	0.00%	0	0	0.00%
白色连衣裙	72	73	3.69%	15	72	5	2	2	2.78%	2	2	2.78%
衬衣裙2019新款夏收腰	61	62	3.13%	8	60	3	1	0	0.00%	0	0	0.00%
衬衫连衣裙	54	56	2.83%	11	51	1	2	0	0.00%	0	0	0.00%
欧洲站2019款夏装	53	54	2.73%	3	53	0	0	0	0.00%	0	0	0.00%
连衣裙2019新款夏	51	51	2.58%	9	50	1	1	1	1.96%	1	1	1.96%
气质连衣裙	47	47	2.38%	4	47	4	1	0	0.00%	0	0	0.00%
衬衫裙女 中长款	40	41	2.07%	9	40	0	0	0	0.00%	0	0	0.00%
连衣裙高端气质显瘦	38	39	1.97%	1	38	0	0	0	0.00%	0	0	0.00%
连衣裙	37	37	1.87%	2	37	0	1	1	2.70%	1	1	2.70%

图 4-23　商品关键词效果反馈表截图

　　最后对表格中的关键词进行优化和监控，从而完成优质词的布局和劣质词的淘汰，如表 4-3 所示。

　　对店铺商品关键词流量进行优化，已经成为店铺推广的一个日常工作。商品销量的变化，会令关键词的流量和转化率发生变化，根据关键词的访客成交数据，经常淘汰效果差的关键词，换上效果好的关键词，可以帮助商品提升关键词搜索流量。

表 4-3　商品关键词优化表

序号	ID	原标题	优化标题	优化时间
1		欧洲站雪纺连衣裙女2019新款夏欧货潮韩版收腰短袖拼接款气质裙子	欧洲站雪纺连衣裙女2019新款夏装欧货潮韩版收腰短袖气质显瘦裙子	5月9日
2		欧洲站洋气连衣裙女2019年新款夏装心机韩版气质洋气宽松a字裙子	欧洲站洋气连衣裙女2019新款夏装气质遮肚子显瘦网纱拼接洋气裙子	5月9日
3		欧洲站衬衣式连衣裙女2019新款夏欧货休闲收腰短袖拼接中长款裙子	欧洲站衬衣式连衣裙女2019新款夏装欧货休闲收腰中长款气质显瘦裙子	5月9日
4		欧洲站夏装女2019新款欧货潮韩版黑色收腰中长款气质洋气连衣裙	欧洲站夏装女2019新款欧货潮韩版黑色蕾丝裙子中长款气质洋气连衣裙	5月9日
5		欧洲站设计感连衣裙女2019新款欧货春装夏装潮韩版修身收腰长裙子	欧洲站小西装连衣裙女2019新款欧货春装夏装潮韩版修身收腰长裙子	5月9日
6		欧洲站雪纺连衣裙女2019新款夏装欧货潮温柔风气质中长款过膝裙子	欧洲站雪纺连衣裙女2019新款夏装欧货潮仙女裙网纱洋气中长款裙子	5月9日

4.1.4　如何让品类搜索流量提升

提升店铺品类搜索流量的方法，就是店铺切入新品类需要掌握的数据分析方法。通过品类关键词的市场分析，可以帮助店铺优化品类关键词。

店铺品类搜索关键词的优化方法，主要是根据商品访问数据、转化数据的分析，进行商品主图、详情页、短视频、关联搭配的优化，从而提升关键词流量的价值。

在做店铺品类搜索流量优化时，首先需要进行店铺选款，通过生意参谋的商品数据分析，下载商品数据，然后分析商品的访客数、收藏率、加购率等数据，建立商品数据分析表，如表 4-4 所示。在该表中找到潜力新品，进行重点优化，如图 4-24 所示。基于商品的访问数据和转化数据，找出需要重点优化标题的商品，进行标题优化。

表 4-4　商品数据分析表

货品链接	浏览量	访客数	平均停留时长（秒）	详情页跳出率	支付转化率	下单金额（元）	下单商品件数	下单买家数	支付金额（元）	加购件数	访客平均价值（元）	收藏人数（元）	客单价（元）	加购率	收藏率
（隐藏）	258107	90191	15.51	79.49%	0.52%	101284	630	573	76850.4	7729	0.85	4609	164.56	8.57%	5.11%
（隐藏）	119471	55461	15.95	84.17%	0.39%	56993	318	262	41026.27	29548	0.74	1726	189.94	5.33%	3.11%
（隐藏）	71813	30341	18.78	81.93%	0.72%	54461	329	267	38745.88	2683	1.28	1168	176.92	8.84%	3.85%

图 4-24　品类商品数据分析

店铺商品主图的优化方法：根据收藏率、加购率等数据，选择优质的商品进行直通车图片点击率测试。根据图片展现量和点击量判断点击率数据的好坏，不同行业的点击率的合格标准不同，如图 4-25 所示，女装类商品 主图的点击率可以达到 6% 左右。根据图片点击率反馈数据，选出点击率高的主图替换搜索主图，提升商品关键词搜索的流量。

店铺商品详情页的优化方法：根据类目优秀详情页的数据进行详情页优化，核心的优化指标是详情页跳出率和平均停留时长，将之优化到类目优秀水平即可，如图 4-26 所示。详情页优化的重点是详情页关联搭配推荐，其可以增加基础搜索流量的分流，提升店铺的访客价值，提升店铺流量利用率。

上传店铺商品的主图视频，可以增加品类商品搜索的权重。在这个过程中，要重视主图视频的长宽比例和主图视频的标签设置，优质的主图视频会被官方抓取，从而获取官方免费流量。如图 4-27 所示，为主图视频上传要求。

优化店铺商品关联搭配，可以使用搭配宝进行商品搭配推荐，其推荐同类型的商品，提升间接成交，从而提升关键词进店效果，如图 4-28 所示。

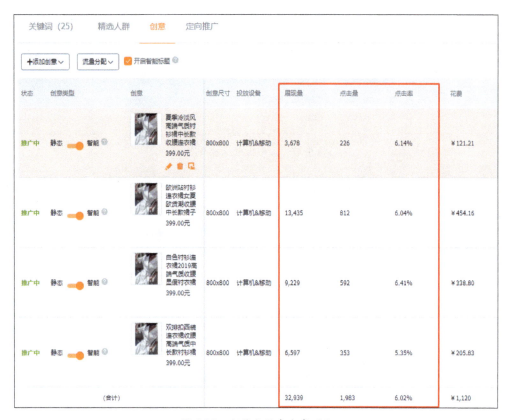

图 4-25 商品主图点击率测试

图 4-26 平均停留时长和详情页跳出率度数据分析

图 4-27　主图视频上传要求

图 4-28　使用搭配宝

通过对商品数据的优化，可以制作商品搜索流量优化表，监控商品的转化率、收藏加购相关数据，判断数据趋势是否稳定。在访客数量提升过程中，如果商品的收藏加购相关数据稳定，可以继续增大流量，提升商品的搜索流量，如表 4-5 所示。

对店铺核心商品进行集中优化，监控头部商品的流量数据、付费数据、活动数据，根据商品的不同流量渠道进行数据控制优化，从而提升商品搜索流量。

表 4-5　商品搜索流量优化表

店铺名	***			6/21	6/22	6/23	6/24	6/25	6/26	6/27	6/28	6/29	6/30
		商品数据	访客数	198	722	1,069	1071	796	1185	1546	2122	2452	2944
			支付件数	9	29	40	31	32	92	138	177	209	289
			转化率	3.54%	4.02%	3.55%	2.08%	4.02%	7.76%	8.73%	8.25%	8.40%	9.71%
			加购率	4.50%	5.82%	5.33%	4.86%	5.78%	7.76%	10.22%	9.05%	10.40%	11.31%
图片区			加购件数	9	42	57	52	46	92	158	192	255	333
			退款件数	0	0	0	0	1	3	2	8	6	7
			退货率	0.00%	0.00%	0.00%	0.00%	3.13%	3.26%	1.45%	4.52%	2.87%	2.42%
		流量渠道	手淘搜索流量	19	48	118	144	102	175	188	328	503	601
			手淘首页流量	0	0	0	3	8	7	18	19	13	35
			直通车流量	178	691	995	968	684	1025	1324	1778	1961	2309
			超级推荐流量	0	0	0	0	0	0	0	0	0	0
			淘内免费其他流量	5	14	23	18	27	20	79	28	125	148
		直通车	花费(元)	579	2000	2700	2150	1517	1982	2055	2500	2212	2329
			展现数	2828	10092	12896	14007	10356	11176	15374	21092	27905	27643
			点击数	213	773	1216	1150	807	1217	1554	2088	2290	2731
7天收藏率	1.00%		点击率	7.53%	7.66%	9.43%	8.17%	7.79%	10.89%	10.11%	9.99%	8.20%	9.88%
7天加购率	5.10%		PPC(元)	2.72	2.56	2.22	1.87	1.88	1.63	1.32	1.2	0.96	0.85
7天收藏加购率	6.10%		收藏数	1	3	12	12	7	13	45	47	49	56
预算(元)	1600		加购数	7	36	54	42	38	108	145	144	204	263
商品链接	***		收藏加购成本(元)	72.38	51.28	40.91	39.81	33.71	16.38	10.82	13.09	8.74	7.30

4.1.5　如何进行关键词数据分析和复盘

通过生意参谋选词助手，可以分析搜索词的进店效果以及关键词引导下单转化率数据，从而精准判断关键词进店效果，如图 4-29 所示。

通过优化商品的选款，找到提升搜索词引流效率的方法，完成选择关键词、组合关键词、筛选关键词、替换关键词等各个步骤，从而实现店铺商品关键词的选择和优化。通过对手淘搜索玩法和关键词应用的了解，我们可以帮助店铺更好地获取关键词流量，找到适合自身店铺商品的关键词，提升店铺搜索流量获取的精准度，提升店铺商品转化率，提升店铺整体的搜索引流效果。

图 4-29　生意参谋选词助手流量分析

4.2　手淘推荐流量玩法

4.2.1　手淘推荐背景及概述

手淘推荐是访客通过手机淘宝客户端登录淘宝的页面，通常包括猜你喜欢（也存在于收藏页、购物车页、支付成功页等页面中）、微淘、直播广场、有好货等板块，迎合消费者"逛"的需求。

很多人都知道手淘推荐流量的重要价值，但是不知道怎么做才能获得更多手淘推荐流量。手淘推荐的流量具有体量大、爆发速度快的优势，但也有转化率略低、流量不稳定和清零不可挽回的缺点。那么针对这些情况，该如何吸引手淘推荐流量呢？

4.2.2　手淘推荐"猜你喜欢"板块

手淘推荐"猜你喜欢"板块通常包括:首页"猜你喜欢"板块、收藏页或购物车页"猜你喜欢"板块和购物后"猜你喜欢"板块等。

1. 首页"猜你喜欢"板块

这个板块位于首页中,如图 4-30 所示。

图 4-30　首页的"猜你喜欢"板块展示位置

2. 收藏页或购物车页"猜你喜欢"板块

这个板块位于手机淘宝收藏页或者购物车页的最下面,如图 4-31 和图 4-32 所示,即图上的"你可能还喜欢"区域。当用户有收藏或者加购的行为,系统会进行推荐。

图 4-31　购物车页"你可能还喜欢"区域的
展示位置

图 4-32　收藏页"你可能还喜欢"区域的
展示位置

3.购物后"猜你喜欢"板块

用户在购买商品后，其在支付成功页、物流详情页、订单列表页、订单详情页和确认收货页等页面也能看到"猜你喜欢"板块，如图 4-33、图 4-34、图 4-35、图 4-36所示。

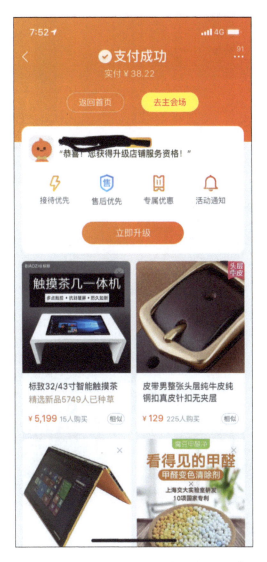

图 4-33　支付成功页下方也有"猜你喜欢"
板块

图 4-34　物流详情页"你可能还喜欢"区域的
展示位置

图4-35 订单列表页"你可能还喜欢"区域的
展示位置

图4-36 订单详情页"你可能还喜欢"区域的
展示位置

4.2.3　手淘推荐流量获取方法

在近几年的"双11"活动中，淘宝的推荐流量已经渐渐超过了搜索流量，可知这是一个大趋势。很多商家应该已经感受到了，手淘推荐流量占店铺总流量的比例越来越大，甚至很多时候，店铺单品所获得的推荐流量已经超过店铺所有商品的关键词搜索流量。可惜的是，很多商家不知道如何获得手淘推荐流量，导致就算手淘推荐流量在逐渐增加，店铺也把握不了这个机会。

那么店铺该如何吸引手淘推荐流量呢，有 3 大要点和 4 种方法。

1. 吸引手淘推荐流量的 3 大要点

（1）优化商品的标题和属性

很多人以为，优化商品标题的目的只是应对关键词搜索以吸引搜索流量。实际上，要想获取手淘推荐流量，也要做好商品的标题优化。手淘推荐流量的获得，和商品的属性、标题、价格、宣传文案等信息密切相关，因此想要获取手淘推荐流量必须首先做好标题优化工作。

为了获得手淘推荐流量进行标题优化，和为了获得手淘搜索流量进行标题优化，两者其实有相似之处，但也有不同之处。在针对手淘推荐流量进行标题优化时，要重视关键词的精准度，如果所选关键词的精准度不高，系统可能无法给商品设定准确的标签，店铺就没有办法获取这部分手淘推荐流量。

（2）提升主图点击率

提升主图点击率是获取手淘推荐流量的最重要环节。如果主图点击率比较低，店铺就无法获得手淘推荐流量。那么主图点击率需要达到多少才算合格呢？答案是：没有固定标准，需要看商品所处的类目和竞争环境。换言之，在竞争环境下，如果同一类目的各个商家把各自商品的主图点击率都做得比较高，那么手淘推荐流量对于主图点击率的要求就比较高。另外，当同款商品比较多时，手淘推荐流量对于主图点击率的要求也会比较高。

手淘推荐流量对于商品主图也是有要求的，而且针对不同类目的商品，其要求是不一样的。女装类目的商品主图如果有"牛皮癣"，那么该商品基本没有可能入"池"，而对于某些标品类目来说，就算某商品主图有"牛皮癣"，该商品也是有机会入"池"的。

总而言之，商家需要重视运营内功和品类规划，综合提升商品 UV 价值、加购率、客单价以及坑位产出，从而提升主图点击率。

（3）锁定精准人群

手淘推荐流量与精准人群密切相关。只有找到精准的人群，才有可能获得更多手淘推荐流量。

2．吸引手淘推荐流量的 4 种方法

根据上文所说的 3 大要点，可以找到以下 4 种常见的吸引手淘推荐流量的方法。

（1）发动老客户和微淘粉丝

商家的老客户和微淘粉丝是商家可以触达的精准人群。微淘内容一般是图文和视频，因此也可以使用微淘内容做超级推荐。商家在上架新品的时候，尤其适合采用做活动（比如使用优惠券）的方式带动老客户和微淘粉丝，给新品造势，获得初始流量。

（2）开发小而美的商品

开发优质的商品是商家开展推广活动的基础步骤，而一款小而美的商品常常在吸引手淘推荐流量方面具有优势。小而美的商品被平台推荐给客户的概率远高于一般商品。

（3）适当参加平台活动

一般来说，参加平台活动的商品往往能够吸引与商品属性高度吻合的客户人群。手淘首页中经常出现的淘金币（即"领淘金币"）、淘宝直播、天猫新品、淘抢购、聚划算、有好货、哇哦视频等活动，都可以为商家带来手淘推荐流量，如图 4-37 所示。

（4）与付费方法结合，定向触达客户

为了更好地锁定精准人群，除了使用上述办法外，还可以同时配合使用直通车和超级推荐，来定向触达客户。

图 4-37　手淘首页

4.2.4　手淘推荐流量维护

为了持续获得手淘推荐流量，商家同样需要对商品进行日常优化。商品优化的思路主要有以下 2 种。

1. 区分标品类商品与非标品类商品

（1）标品类商品

对于标品类商品，手淘推荐流量对于商品的基础销量要求高，因此商家更要重视首页流量、搜索流量和商品销量。

（2）非标品类商品

对于非标品类商品，手淘推荐流量对于商品的人气权重要求高，因此商家要重视商品的收藏加购类数据，尽量让这些数据优于竞品。商家单店最要拥有 1 ～ 2 个爆款商品，这样就能让商品获得更高的人气，从而影响手淘推荐流量。

2．区分商品的不同时期

（1）处于上架新品期的商品

对于这类商品，商家应该先努力提升其搜索流量，以此为基础，令其入"池"，然后想办法引爆手淘推荐流量。

（2）在线销售的成熟商品

对于这类商品，商家可以按照前文的方法正常维护。需要说明的是，如果商品的搜索流量已经达到同行业前列水平，那么手淘推荐流量通常会被限制，爆发的可能性不大。

4.2.5　手淘推荐流量玩法总结

很多商家都在努力获取手淘推荐流量，但实际上，对于大部分商家来说，就算是某个商品获得了这方面流量，也很难维护住，这非常可惜。

如果要获得手淘推荐流量，商家首先要重视商品主图，其次要重视商品的收藏加购类数据（可以考虑开通直通车进行测试，使之高于行业平均值），然后要重视商品标题，最后要重视转化率。

一般来说，要想提升商品的手淘推荐流量，最常用方法就是开通直通车定向，但这种方法的投入实在是太大了，并不是所有商家都能承担得起，因此笔者通过本节为大家介绍这个成本相对较小的方法，希望能给大家带来帮助。

第 5 章

网店付费推广方法

5.1 直通车工具引流玩法

很多掌柜在"开"直通车的时候，不懂得如何巧妙运用直通车，而是"闭门开车"，走了很多弯路。那么如何掌握直通车工具引流玩法呢？下面分享 4 个操作直通车的思路与玩法策略。

5.1.1 直通车关键词推广玩法

直通车推广是淘宝店铺日常运营中最常见的推广措施，可以明显增加店铺的流量，提高商品的搜索排名。直通车关键词推广是其中最重要的方法之一，所以选词是比较重要的，我们一般会采用直通车系统推荐词、无线端与 PC 端搜索词，以及生意参谋选词。选词的方法非常多，那么如何选词，如何做好关键词推广呢？

可以通过生意参谋的市场行情，分析行业热词榜、本店的引流和转化词、直通车系统推荐词、竞争对手的引流成交词，从而选择直通车关键词。

下面以餐饮具保温壶这个小类目为例，讲一下如何选词。

（1）在生意参谋中下载最近一周的行业热词榜，截图如图 5-1 所示。

排名	搜索词	搜索人气	商城点击占比	点击率	点击人气	支付转化率	直通车参考价（元）
	A	C	D	E	F	G	H
1	保温水壶	77,389	86.35%	111.22%	57,239	19.11%	2.60
2	保温壶	66,285	86.08%	114.61%	48,583	18.36%	3.00
3	保温瓶	44,857	79.74%	105.54%	30,433	17.50%	1.95
4	保温壶家用	40,618	86.21%	129.55%	32,580	20.70%	2.93
5	热水瓶	29,078	76.30%	111.69%	21,891	19.87%	2.01
6	水壶保温	28,532	82.72%	97.01%	18,446	18.07%	2.60
7	热水壶保温瓶	26,018	80.95%	116.91%	19,409	21.36%	2.14
8	保温瓶家用	24,684	81.37%	118.65%	18,199	20.92%	2.43
9	保温壶大容量	23,287	87.49%	115.07%	17,313	19.16%	2.69
10	保温水壶 保温壶	23,223	84.03%	105.18%	17,215	22.70%	2.62
11	保温壶家用	23,207	83.70%	127.71%	18,484	23.27%	2.58
12	暖水壶	19,150	74.90%	110.04%	13,250	17.85%	1.83
13	开水壶保温瓶	18,422	81.69%	118.92%	14,223	23.03%	2.12
14	暖壶	17,685	71.90%	105.66%	13,125	17.70%	1.83
15	水瓶	16,825	58.36%	83.68%	9,300	17.16%	0.72
16	保温壶 家用	16,626	97.40%	110.63%	12,862	20.86%	2.93
17	保温壶户外	15,012	87.68%	124.33%	12,080	19.60%	2.59
18	保温瓶大容量	13,738	84.01%	107.39%	9,718	18.93%	2.55
19	热水瓶家用	13,525	80.21%	113.12%	10,635	26.76%	2.00
20	保温壶家用 不锈钢	13,247	80.99%	115.39%	9,615	19.11%	2.51
21	不锈钢保温壶	13,013	78.53%	116.96%	10,004	18.28%	2.34
22	象印保温水壶	12,916	53.72%	113.29%	9,781	12.79%	3.56
23	家用保温壶	12,136	86.84%	134.13%	9,905	23.16%	2.93
24	暖水瓶	12,011	81.04%	106.76%	8,728	22.97%	1.83
25	哈尔斯保温壶	11,906	84.48%	110.88%	8,819	20.39%	4.26
26	暖壶 家用	10,547	79.33%	113.94%	8,074	20.20%	1.59
27	虎牌保温壶	9,852	49.38%	103.12%	7,134	11.03%	2.00
28	保温水壶户外大容量	9,314	88.74%	116.25%	7,121	19.83%	2.14
29	热水壶 家用 保温壶	9,294	81.33%	109.86%	6,476	19.46%	1.96
30	暖水壶家用	8,974	76.28%	121.21%	6,851	19.10%	1.59
31	水瓶家用	8,570	73.41%	105.09%	5,928	18.98%	1.68

图 5-1　最近一周行业热词榜截图

（2）根据生意参谋市场行情，下载店铺和同行竞品的引流词和成交词，生成"竞品7天数据"表，截图如图 5-2 所示。

竞品7天数据			
Top10引流关键词	访客数	Top10成交关键词	支付子订单数
保温水壶		保温水壶	
保温壶家用		保温壶家用	
保温壶		保温壶	
保温水壶家用		保温水壶家用	
热水瓶		热水壶保温瓶	
热水壶 家用		保温水壶 保温壶	
保温瓶		保温瓶家用	
热水壶保温瓶		热水瓶	
保温瓶家用		保温瓶	
保温杯大容量		暖壶	

图 5-2　"竞品7天数据"表截图

（3）在单品分析中把店铺关键词的效果数据下载下来，如图 5-3 所示。

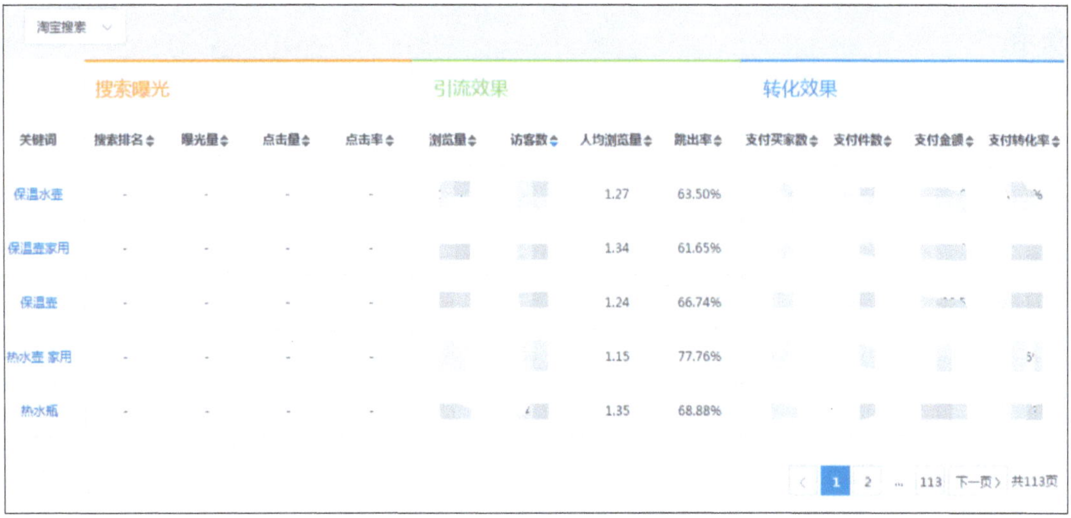

图 5-3　店铺关键词数据

（4）选取行业热搜榜的前 100 个流量关键词来进行筛选，然后查看自己店铺的引流成交关键词，对比竞品的引流关键词，选出适合投放的关键词。下面是选择的 50 个关键词，如图 5-4 所示。

关键词			
保温水壶	热水瓶家用	暖水瓶 家用	热水瓶玻璃内胆
保温壶家用	开水壶保温瓶	热水壶	保温壶 家用
保温壶	水壶保温	暖瓶 保温瓶 暖壶 家用	保温水壶 家用
热水壶 家用	家用保温壶	水瓶家用	暖水壶家用
热水瓶	开水瓶	保温瓶大容量	保暖壶家用
暖壶	暖水瓶	暖水壶	水壶保温 家用
保温瓶	开水壶 家用 保温瓶	保温瓶家用 保温壶	玻璃内胆保温水壶
热水壶保温瓶	暖瓶	保温水壶家用玻璃内胆	家用保温壶大容量
保温瓶家用	保温壶大容量	保温壶大容量 家用	热水壶保温瓶 家用
保温水壶家用	热水壶 家用 保温壶	保温壶家用 玻璃内胆	保温热水壶
水壶	暖瓶家用	暖壶 家用保温 大容量	热水瓶家用 保温瓶
暖壶 家用	水瓶	保温壶家用 暖壶	水壶 家用 保温
保温水壶 保温壶	水壶 家用		

图 5-4　"关键词"表的截图

（5）将这 50 个关键词放入直通车计划中。通过数据透视将这 50 个关键词的点击率、转化率、平均出价统计出来。点击率高、转化率高的关键词适合于引流和打造爆款；点击率一般、转化率高的关键词适合于做日销款。将展现次数低于 2000 次的关键词去掉，另外质量得分低于 7 分、相关性不好的关键词也需要去掉。最终筛选出关键词，如图 5-5 所示。

关键词	
保温水壶	暖壶
家用保温水壶	家用热水壶
家用保温壶	保温壶热水瓶
保温壶	家用暖壶保温壶
家用保温瓶	家用热水瓶
保温瓶	保温壶大容量
热水瓶	家用暖壶
保温水壶 保温壶	家用保温壶保温瓶

图 5-5　筛选后的"关键词"表截图

（6）我们希望通过直通车带动搜索来打造这个商品的爆款。第一次使用其中的 4 个核心精准大词来投放，用精选人群带动，如图 5-6 所示。

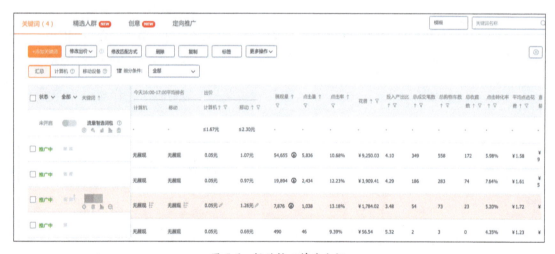

图 5-6　投放核心精准大词

（7）做地域分析，通过直通车的数据透视、生意参谋的买家人群及搜索人群分析，选择 50 个城市，如图 5-7 所示。

（8）首次投放选择其中前 4 个城市，以提高点击率和转化率，如图 5-8 所示。

1	北京市	11	苏州市	21	东莞市	31	哈尔滨市	41	汕头市
2	上海市	12	郑州市	22	宁波市	32	南宁市	42	长春市
3	广州市	13	合肥市	23	沈阳市	33	惠州市	43	开封市
4	长沙市	14	福州市	24	佛山市	34	南通市	44	台州市
5	武汉市	15	成都市	25	烟台市	35	漳州市	45	嘉兴市
6	杭州市	16	泉州市	26	无锡市	36	常州市	46	保定市
7	深圳市	17	西安市	27	南昌市	37	临沂市	47	赣州市
8	南京市	18	石家庄市	28	厦门市	38	大连市	48	株洲市
9	济南市	19	青岛市	29	海口市	39	金华市	49	绍兴市
10	重庆市	20	天津市	30	潍坊市	40	温州市	50	盐城市

图 5-7　城市选择

图 5-8　投放区域选择

（9）将直通车的投放时间调整为早上 9 点到夜里 23 点。请大家根据自身店铺的具体情况，选择高点击率的时间段投放。使用测试好的高于同行点击率的 2 张直通车图进行投放。

由于账户的权重较高，首次出价 1.85 元卡到了 4 ～ 6 位。直通车限额为 200 元，采用智能化投放、人群匹配精准投放，每小时观察关键词的展现情况，如果没有展现则提高出价，确保关键词能够把钱花出去，第 1 天将日限额花完，如图 5-9 所示。

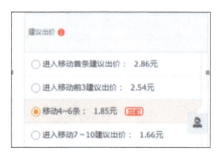

图 5-9　建议出价选择

（10）次日，观察第 1 天在什么时间点花费达到日限额，将点击率较低的词删掉，将日限额调整为 400 元，重复第 1 天的操作，继续将钱花完，如图 5-10 所示。

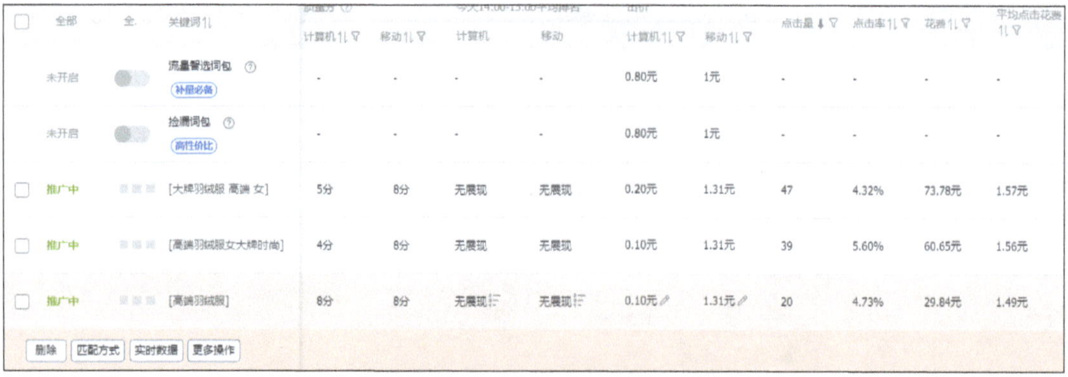

	全部	全	关键词↓↑								点击量↓↑	点击率↓↑	花费↓↑	平均点击花费↓↑
				计算机↓↑	移动↓↑	计算机	移动	计算机↓↑	移动↓↑					
	未开启		流量智选词包 ⑦ 补量必备	-	-	-	-	0.80元	1元		-	-	-	-
	未开启		检测词包 ⑦ 高性价比	-	-	-	-	0.80元	1元		-	-	-	-
	推广中		[大牌羽绒服 高端 女]	5分	8分	无展现	无展现	0.20元	1.31元		47	4.32%	73.78元	1.57元
	推广中		[高端羽绒服女大牌时尚]	4分	8分	无展现	无展现	0.10元	1.31元		39	5.60%	60.65元	1.56元
	推广中		[高端羽绒服]	8分	8分	无展现	无展现	0.10元	1.31元		20	4.73%	29.84元	1.49元

删除　匹配方式　实时数据　更多操作

图 5-10　第 2 天投放核心精准大词

（11）观察数据。第 3 天开始将日限额调整为 600 元，还是将点击率较低的词删掉，添加 5 个地域，保证流量的递增，观察关键词的质量得分的变化，确保质量得分上涨，将日限额花完，如图 5-11 所示。

	全部	全...	关键词⇅	质量分 ⑦		今天14:00-15:00平均排名		出价			点击量⇅ ▽	点击率⇅ ▽
				计算机⇅ ▽	移动↓ ▽	计算机	移动	计算机⇅ ▽	移动⇅ ▽			
□	未开启		流量智选词包 ⑦ 补量必备	-	-	-	-	0.80元	1元		-	-
□	未开启		捡漏词包 ⑦ 高性价比	-	-	-	-	0.80元	1元		-	-
□	推广中		[2020冬季新款羽绒服]	7分	10分	无展现	无展现	0.10元	1.31元		2	4.55%
□	推广中		[羽绒服长款女过膝韩版]	8分	10分	无展现	无展现	0.10元	1.31元		1	3.85%
□	推广中		[羽绒服女中长款加厚]	9分	10分	无展现	无展现	0.10元	1.31元		0	0%
□	推广中		[加厚羽绒服女]	10分	9分	无展现	无展现	0.10元	1.31元		6	7.14%
□	推广中		[羽绒服女中年]	7分	9分	无展现	无展现	0.10元	1.31元		5	23.81%
□	推广中		[加厚羽绒服]	10分	9分	无展现	无展现	0.10元	1.31元		2	4.76%

图 5-11　核心精准大词质量分提升

后续重复之前的操作，重要是确保点击率、流量的递增。

5.1.2　直通车人群推广玩法

人群推广是近年来直通车的主推方向，用好了能够帮助商家获得更精准的搜索流量和首页流量。

为什么要做人群推广呢？

人群推广的目的就是实现精准点击，提高直通车投放的效率，降低投放成本。另外，对于店铺来说，获得商品的使用人群情况，就可以优化商品主图、详情页等，使商品推广的策略更加明确。

精准的人群推广是对搜索的强化。以前的关键词出价对于每个人群都是同价投放的，而精准的人群推广，可以让卖家放大自己想要的人群，从而获取更多的流量价值。

精准的人群推广（关键词＋人群）有两种玩法：第一种是直通车关键词低出价、高溢价；第二种是直通车关键词高出价、低溢价。

下面看一个关于关键词低出价、高溢价的案例。

关键词可以开始低出价，然后提高人群溢价。投放人群圈定，如图 5-12 所示。

	状态	推广人群	人群分类	溢价	展现量	点击量	点击率	花费	平均点击花费
☐	推广中	资深淘宝/天猫的访客	基础属性人群 ⑦	20%	20,803	1,488	7.15%	¥630.98	¥0.42
☐	推广中	简约百搭	基础属性人群 ⑦	10%	146	5	3.42%	¥1.82	¥0.36
☐	推广中	100-300 女	基础属性人群 ⑦	10%	1,021	60	5.88%	¥23.46	¥0.39
☐	推广中	时尚复古	基础属性人群 ⑦	10%	269	11	4.09%	¥4.32	¥0.39
☐	推广中	复古简约	基础属性人群 ⑦	10%	603	25	4.15%	¥10.07	¥0.40
☐	推广中	25-29岁女	基础属性人群 ⑦	10%	3,008	164	5.45%	¥64.48	¥0.39
☐	推广中	35-39岁女	基础属性人群 ⑦	10%	1,802	110	6.10%	¥43.04	¥0.39
☐	推广中	30-34岁女	基础属性人群 ⑦	10%	2,384	123	5.16%	¥47.29	¥0.38

图 5-12 投放人群圈定

人群圈定设置的技巧：根据店铺的实际情况对单一人群标签进行设置，如果获得了数据，就对每个标签的数据进行分析，找出数据好的、同一层级不同维度的标签进行组合溢价——简单来说，就是"强强联合"，最后尝试使用更细化的标签组合，重复以上操作。

有了人群数据后，需要根据以下要点进行优化。

（1）优化人群溢价。一旦获得人群数据，就要通过调整溢价，扩大我们需要的人群，减少无效人群数量。

（2）优化关键词出价。如果人群非常明确，可以通过关键词低出价、人群高溢价的方式，让关键词点击尽量发生在我们想要的人群里，博取 ROI 的最优化。溢价调整使用逐步溢价、小步多次的原则，同时要相信数据。

（3）一定要在相同时间内完成对比项的设置工作，否则会在数据量上存在差异。

这家店铺优化后的结果如图 5-13 所示。

	状态	推广人群	人群分类	溢价	展现量	点击量	点击率	花费	平均点击花费
☐	暂停	无袖	行业定向人群 ⑦	10%	-	-	-	-	-
☐	推广中	吊带	行业定向人群 ⑦	10%	2,054	122	5.94%	¥48.97	¥0.40
☐	暂停	喜欢店铺新品的访客 ⑦	宝贝定向人群 ⑦	51%	-	-	-	-	-
☐	推广中	喜欢相似宝贝的访客 ⑦	宝贝定向人群 ⑦	10%	✎ 18,628	1,394	7.48%	¥538.74	¥0.39
☐	推广中	智能拉新人群	店铺定向人群 ⑦	20%	24,055	1,800	7.48%	¥753.55	¥0.42
☐	推广中	浏览过同类店铺商品的访客	店铺定向人群 ⑦	20%	302	21	6.95%	¥9.56	¥0.46

图 5-13 人群优化后数据

另外，低出价、高溢价的直通车人群推广玩法可以使用在大促（比如聚划算、淘抢购、"双 11"等）期间使用，当天可以降低 PPC，提升 ROI。如图 5-14 所示，这是一款商品在聚划算活动当天下午的数据。

图 5-14 聚划算活动当天下午数据

操作步骤如下。

（1）通过原有计划筛选出 10 个以内的关键词，重新做人群计划。

（2）使用好的图片作为主图，采取优选播放的方式。

（3）通过生意参谋专业版人群画像进行分时折扣设置和地域设置。

（4）进行人群组合测试。一定要观察数据，如果关键词扣费对比行业均值倍数过高，可以直接做删除处理，再观察 2 ～ 3 天，看是否降低。

（5）一开始采用低出价策略，一旦关键词有数据反馈，立即拉高溢价。

（6）精选关键词，显示得分后，添加属性方向一致且质量得分高的系列关键词。

（7）对人群标签进行拆分组合测试，重复以上动作。

5.1.3 直通车智能推广玩法

智能推广玩法即旧版的"批量推广"玩法。在智能推广下，可以批量设置基础出价，提升推广效率。智能推广的直通车后台截图如图 5-15 所示。

图 5-15 智能推广的直通车后台截图

5.1.4 直通车投入产出优化玩法

任何商业的良性持续发展，都基于投入是有产出的。

对于绝大部分商家来讲，直通车是一个引流的工具，商家通过直通车付费快速获取流量，从而带动免费的搜索流量和推荐流量以获取利润，而不是仅靠直通车本身带来的流量赚钱，因此找到付费流量与免费流量的平衡点是关键。

ROI 的计算公式如下。

$$ROI = 直通车投入额 / 直通车产生的成交额$$

例如，如果商品成本是 1 元、售价是 2 元，则毛利率是 100%，不计其他费用，ROI=1

是盈亏点；如果商品成本是 1 元、售价是 1.5 元，则毛利率是 50%，不计其他费用，ROI=2 是盈亏点。

前面说到了选款、提升质量分等问题。对于直通车推广的不同阶段而言，ROI 的关注点也是不同的。

（1）第一阶段：直通车选款阶段。

在这个阶段，直通车推广工作的核心不在于控制 ROI，而在于让客户收藏、加购商品。原因是：测款工作本身就有风险，不能因为 ROI 无法控制就不做测款了。在这个阶段，接受测款的一般是新品，其销量少、评价少，客户有购买意向但最终不下单是正常的情况，因此我们一般以让客户收藏、加购商品为工作核心。

（2）第二阶段：主推阶段。

在这个阶段，我们已经确定了主推款，需要进入主推工作。

这个阶段又可以分为如下几个分阶段。

① 养分阶段：养分常用策略是"卡首条"，单个点击的花费比较高，ROI 难免不理想，因此 ROI 的可参考性并不强。

② 拉升流量阶段：养分成功后，需要拉升流量和销量，以此带动搜索流量和推荐流量。这个分阶段一般持续 10 ～ 15 天。不管是标品还是非标品，此时工作核心仍然是让客户收藏和加购，需要密切关注拉升期的目标销量，以及免费流量的表现。ROI 并非工作核心数据。

③ 流量稳定期阶段：通过一段时间的直通车带动，免费流量逐渐增加，此时直通车拉流量的使命基本完成，ROI 会成为我们关注的核心数据。如果 ROI 核算是赚钱的，则进可"攻"退可"守"，但建议在盈亏平衡的基础上，尽量维持直通车的持续、稳定的投放，以稳固和提升主款商品的地位，从而通过免费流量持续盈利。如果 ROI 核算是亏钱的，那就要考虑，选款是否有问题，定价是否有问题，季节性商品的需求旺季是否未到。

为了优化 ROI，此时可关注源头端。优化方法如下。

（1）提升关键词的质量得分，从而达到降低关键词出价的目的。通过逐步降低关键词出价、时间折扣等，降低点击单价和直通车投入。但在降低的过程，一定要采用逐步降低的策略，切忌大起大落。

（2）优化关键词，包括淘汰低产出词、溢价高产出词、加入高转化词。通过查看最近7天或1个月的数据，进行筛选优化。

（3）优化地域，淘汰低转化地域，加入高转化地域。参看直通车的数据透视。

（4）优化投放时段，减少低转化时段的投放，尽量集中在高转化时段投放。

此外大家还应该掌握如下几个知识点。

衰落期的调整方法：非季节性商品的生命周期长，而季节性商品在旺季销售峰值之后，就会逐步进入衰落期，此时直通车推广工作的核心应该从获取稳定流量切换到赚钱，增加高转化词的投入，减少低转化词的投入。

平销款和滞销款的处理方法：对于平销款和滞销款，直通车只能起一个辅助的作用，即使投入资源也很难战略性地拉升其销量，所以在养分阶段后，需要密切关注其 ROI 的表现，一般以高转化词作为主要引流目标。

补充阅读：ROI 是否越高越好？

"ROI 很高"一定是个好消息，但是在"开"直通车时，不应该过于追求高ROI，而应该把高 ROI 转化为机会。特别是在流量上升期和稳定期，应该溢价高 ROI 的词，去博取更多的点击，开疆拓土，获得这些词的更多免费流量。

5.2 智钻工具引流玩法

智钻工具的推广包含全店推广、单品推广、内容推广、视频推广、直播推广等，其中使用最多的就是用全店推广和单品推广。

全店推广是基于店铺层面的引流推广，可以做低价引流也可以做活动推广，还可以做分层运营推广。

单品推广顾名思义就是在商品层面上做引流推广，可以做低价引流，也可以打造爆款，从而带动手淘推荐流量。

5.2.1 智钻低价引流玩法

店铺做好低价引流的前提是足够多的展现量和足够便宜的出价，加上中等偏上的点击率，就可以实现低价引流。这里笔者提供几种常见的低价引流思路，然后具体分析其中一种思路。

店铺常见的全店计划下的低价引流玩法有：关键词人群低价引流玩法、常见场景低价引流玩法、相似宝贝低价引流玩法、达摩盘标签组合低价引流玩法。

接下来，笔者重点介绍下关键词人群低价引流玩法，其流程如下。

（1）找到竞争店铺。在这里，笔者介绍一种通过搜索与商品相关的关键词来找到竞争店铺的方法。

① 使用生意参谋快速找店。通过生意参谋找到"流失竞店识别"功能，如图 5-16 所示。

图 5-16 生意参谋竞争分析

② 在生意参谋的"流失竞店识别"功能中找到 TOP 流失店铺列表，如图 5-17 所示。

③ 根据"流失竞店识别"功能和"高潜竞店识别"功能，导出表格数据，整理出竞店店铺名称列表。

图 5-17　生意参谋竞店识别

（2）搭建相似店铺计划，然后进行人群定向投放。

① 设置智钻全店计划的营销参数，如图 5-18 所示。营销场景选择"自定义"选项，营销目标选择"优化成交量"选项，生成方案选择"自定义"选项。

图 5-18　营销参数设置

② 设置智钻全店计划的基本信息，如图 5-19 所示。出价方式选择"手动出价"选项；

付费方式默认为"CPC"方式，可以更好地控制引流成本；计划名称设置为"全店推广_低价引流"；投放日期设置得尽量长一点；每日预算设置为 30 元，这是 CPC 模式下的最小预算金额；推广主体选择"店铺首页"选项；地域设置和时间设置，可以使用系统模板；投放方式选择"均匀投放"选项，这样可以让预算可控。

图 5-19　基本信息设置

③ 选择定向人群，这里要选择定向人群中的"拉新定向"选项。拉新定向的关键词人群设置，如图 5-20 所示。选择拉新定向下的关键词人群，然后点击"自定义设置"链接，把我们前面收集到的竞店的名称一一输入，一个单元一个定向，一个定向下可以有 20 个店铺。

添加常用人群，选择"相似店铺人群"选项，如图 5-21 所示。

图 5-20　拉新定向的关键词人群设置

图 5-21　添加常用人群

④ 资源位选择，如图 5-22 所示。这一步的重点是以站内为主，PC 端和无线端一起投放。不同的资源位要有不同的创意制作要求。

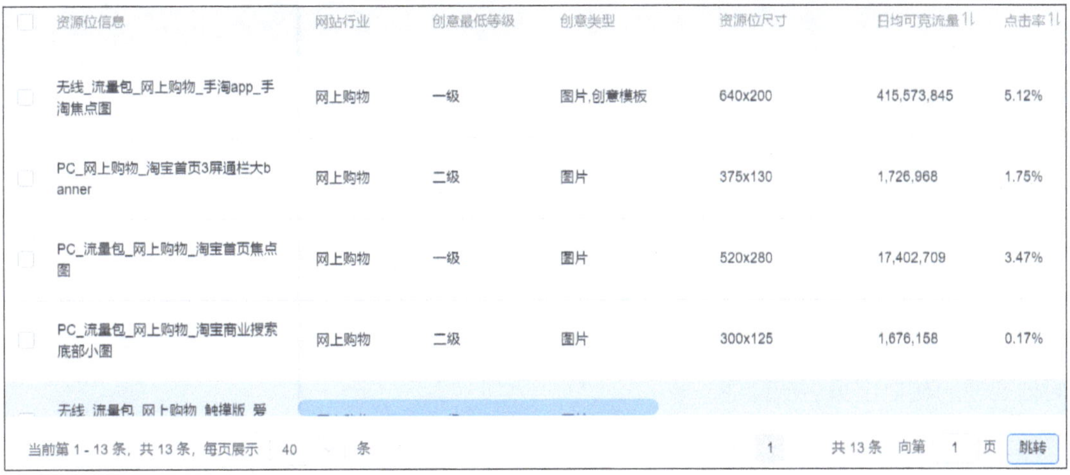

资源位信息	网站行业	创意最低等级	创意类型	资源位尺寸	日均可宽流量↓	点击率↓
无线_流量包_网上购物_手淘app_手淘焦点图	网上购物	一级	图片,创意模板	640x200	415,573,845	5.12%
PC_网上购物_淘宝首页3屏通栏大banner	网上购物	二级	图片	375x130	1,726,968	1.75%
PC_流量包_网上购物_淘宝首页焦点图	网上购物	一级	图片	520x280	17,402,709	3.47%
PC_流量包_网上购物_淘宝商业搜索底部小图	网上购物	二级	图片	300x125	1,676,158	0.17%
无线_流量包_网上购物_触摸版_爱						

当前第 1 - 13 条，共 13 条，每页展示 40 条　　　　　　　　1　共 13 条　向第 1 页　跳转

图 5-22　资源位选择

⑤ 资源位出价，如图 5-23 所示。出价要低，才能实现低价引流，所以资源位的出价一般都是建议价的 10%，如果没有流量则逐步从低到高调整出价，但是出价不能超过合理范围。

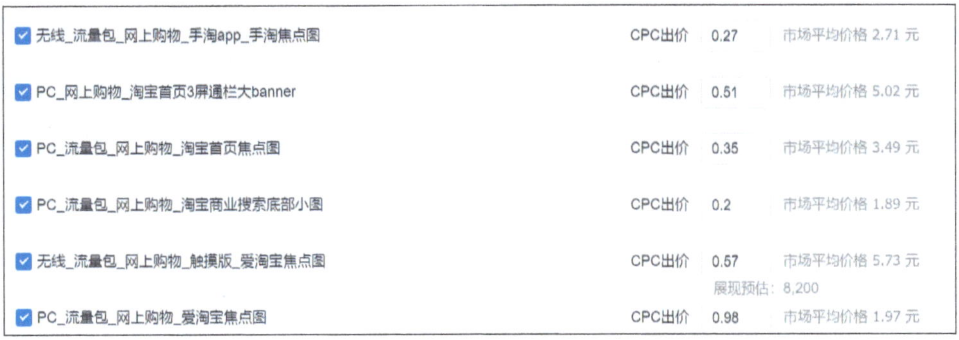

☑ 无线_流量包_网上购物_手淘app_手淘焦点图	CPC出价	0.27	市场平均价格 2.71 元
☑ PC_网上购物_淘宝首页3屏通栏大banner	CPC出价	0.51	市场平均价格 5.02 元
☑ PC_流量包_网上购物_淘宝首页焦点图	CPC出价	0.35	市场平均价格 3.49 元
☑ PC_流量包_网上购物_淘宝商业搜索底部小图	CPC出价	0.2	市场平均价格 1.89 元
☑ 无线_流量包_网上购物_触摸版_爱淘宝焦点图	CPC出价	0.57	市场平均价格 5.73 元 展现预估: 8,200
☑ PC_流量包_网上购物_爱淘宝焦点图	CPC出价	0.98	市场平均价格 1.97 元

图 5-23　资源位出价

⑥ 添加创意图。要针对不同的位置，制作不同的创意图，这里建议每个位置至少准备 5 张以上的图片，进行测试，保留最好的创意图进行投放。

（3）开始优化。后期可以通过低价流量和收藏加购成本来进行不同单元的删减，保证整体效果。优化报表截图如图 5-24 所示。

G2				f_x =B2/D2			
A	B	C	D	E	F	G	H
行标签	消耗	展现	点击	收藏宝贝量	添加购物车量 PPC（元）		收藏加购成本
拉新CPC_关键词竞争店铺名称_低价引流	170589.18	2977852	612441	12153	60134	0.28	2.36
竞争店铺名称1	5598.57	102671	22958	268	967	0.24	4.53
竞争店铺名称2	24778.02	491872	97370	1305	4791	0.25	4.06
竞争店铺名称3	16921.05	318885	65885	1245	4942	0.26	2.73
竞争店铺名称4	13163.67	193915	44712	1459	3587	0.29	2.61
竞争店铺名称5	38705.08	629308	133571	2358	14224	0.29	2.33
竞争店铺名称6	61235.78	1039627	205524	5001	29482	0.30	1.78
竞争店铺名称7	10187.01	201574	42421	517	2141	0.24	3.83

图 5-24　优化报表截图

除了上面的玩法以外，这里笔者再给大家简单介绍一种全店低价引流的方法，就是前面提到过的相似宝贝引流玩法。

相似宝贝定向低价引流的思维导图如图 5-25 所示，供读者参考，其操作重点也是全店宝贝推广，多覆盖站内的资源位，最后通过低于市场平均出价的方式实现超低价引流。这个玩法对图片的要求很高，不同的资源位需要匹配不同的创意图。根据市场平均价格设置出价，从低到高进行资源位出价调整，完成投放。

图 5-25　相似宝贝定向低价引流的思维导图

5.2.2　智钻客户分层玩法

智钻客户分层玩法的核心就是把店铺客户分成 3 种：潜在客户（简称潜客）、认知客户、成交客户。把潜在客户变成认知客户或者成交客户的过程称为潜客拉新，把认知客户变成成交客户的过程称为认知转化，把成交客户再次召回称为老客召回。可以从潜客拉新、认知转化、老客召回 3 个不同过程对店铺客户进行分层运营和维护，从而提高店铺的整体活跃度，提升销售额。

1. 潜客拉新计划

即通过关键词人群定向来精准获取竞店的流量，核心目的就是提高店铺认知人群的体量。

（1）通过路径"生意参谋→流失竞店发现"或"生意参谋→竞争→竞店识别→ TOP 流失店铺列表"，进入生意参谋的"流失竞店发现"页面，如图 5-26 所示，根据本店的竞争流失指数进行精准的竞店识别并选择投放。TOP 流失店铺列表如图 5-27 所示。

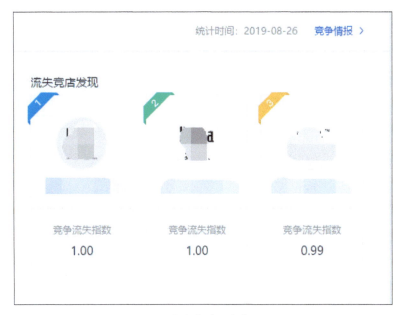

图 5-26　生意参谋流失竞店发现

（2）新建一个计划。对于基本信息的设置，和前文讲到的低价引流设置可以是一样的，这里就不再重复。营销参数设置如图 5-28 所示。这里需要注意的是，计划的核心目的是提高认知人群的体量，所以这里的营销目标选择"优化加购量"选项。

图 5-27　TOP 流失店铺列表

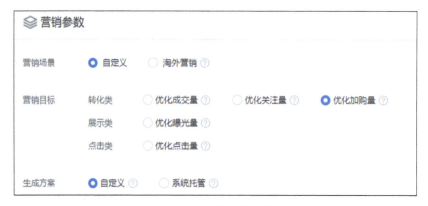

图 5-28　营销参数设置

（3）单元结构，如图 5-29 所示，一个计划下有多个单元，一个单元下有一个拉新定向，一个拉新定向下有一个精准的关键词人群竞店。单元以竞店的店铺名称命名。

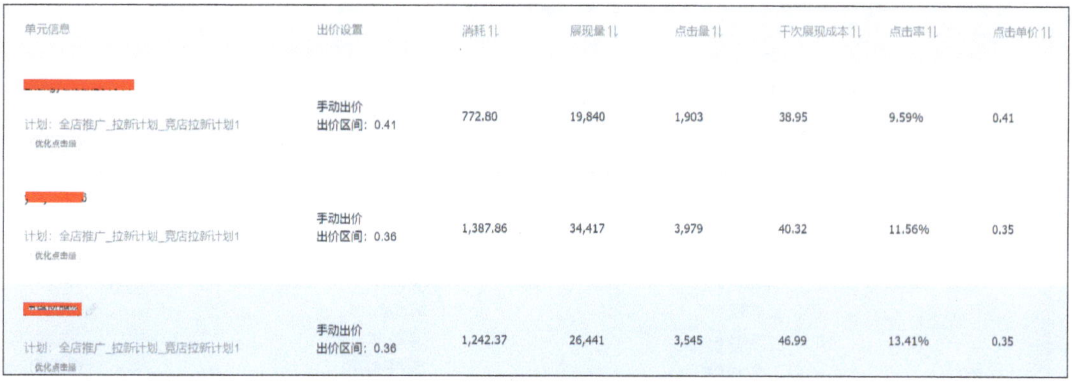

单元信息	出价设置	消耗 ↓↑	展现量 ↓↑	点击量 ↓↑	千次展现成本 ↓↑	点击率 ↓↑	点击单价 ↓↑
计划：全店推广_拉新计划_竞店拉新计划1 优化点击量	手动出价 出价区间：0.41	772.80	19,840	1,903	38.95	9.59%	0.41
计划：全店推广_拉新计划_竞店拉新计划1 优化点击量	手动出价 出价区间：0.36	1,387.86	34,417	3,979	40.32	11.56%	0.35
计划：全店推广_拉新计划_竞店拉新计划1 优化点击量	手动出价 出价区间：0.36	1,242.37	26,441	3,545	46.99	13.41%	0.35

图 5-29　单元结构

定向人群选择的是"拉新定向"列表下面"关键词人群"选项里面的"自定义设置"链接，如图 5-30 所示。

图 5-30　"关键词人群"选项的"自定义设置"链接

这里需要注意，一个定向只能添加几个关键词人群，如图 5-31 所示。

图 5-31　添加关键词人群

（4）资源位出价，如图 5-32 所示。资源位以无线端手淘 App 的焦点图为主，出价建议设置为市场建议价的一半以下。

图 5-32　资源位出价

（5）选择创意图投放。手淘焦点图对于图片点击率的要求很高，所以一般都会进行测图，每个单元需要20张图片。对于不同的店铺，这20张图片的点击率表现可能会不一样，要实时删除那些点击率不足最高点击率的一半的图片，只保留1～2张具有最高点击率的图片并持续投放即可。

（6）需要不断对单元和创意图进行优化，最后优化出点击率高、收藏加购成本低的店铺人群定向，进行持续投放，做一个精准的潜客拉新。

2．认知转化计划

认知转化就是对认知客户进行投放。通常把曾和店铺发生过一次认知行为（比如曝光、点击）且未成交的客户称为认知客户，所以核心的圈定人群范围就是和店铺有过认知行为的人群。

（1）营销参数的设置如图5-33所示。要注意这一步的核心目的是转化认知客户，应以成交为导向，所以这里的营销目标选择"优化成交量"选项。

图 5-33　营销参数设置

（2）基本信息设置，如图5-34所示。认知转化的出价方式选择"手动出价"选项；付费方式默认为"CPC"方式，这样投放的时间能尽量长一些；认知转化的投放日期应设置在活动的周期内；时段设置和地域设置采用系统模板；由于认知客户群体的规模相对潜客群体要小，投放方式通常都会选择"尽快投放"选项。

图 5-34　基本信息设置

（3）这里建议定向一个单元，选择重定向下面的店铺人群和粉丝人群，以及达摩盘的精准认知人群，它们对于认知客户的转化效果都很不错。建议在选择不同定向进行投放时，排除近期购买的人群，如图 5-35 所示，进行精准过滤设置。

图 5-35　精准过滤设置

设置重定向下的店铺人群，如图 5-36 所示。自定义细分人群，包括有浏览、收藏、加购、领券等认知行为的人群。智钻后台可以快速帮助圈选人群，这里要注意时间维度，客户认知行为的发生时间越近，其转化的意愿就会越高，所以如果相应人群的规模比较大的话，可以考虑圈定近期实施认知行为的客户，这样转化效果更好。

图 5-36　重定向店铺人群设置

自定义设置重定向的粉丝人群，如图 5-37 所示。这里的粉丝人群其实也是很重要的认知客户。建议一个单元设置一个定向，图上就设置了 3 个单元。

图 5-37　重定向粉丝人群

此时看下达摩盘的认知人群，如图 5-38 所示。可以在达摩盘后台进行标签组合，然后同步到智钻后台投放。笔者这里提供几类比较重要的认知人群标签：近期浏览多次未购买、近期收藏多次未购买、近期加购未购买、近期领券未购买、近期下单未购买等。如果带有这几类标签的店铺人群或者粉丝比较多的话，可以做更精细化的人群圈定，这里不展开讨论。

创建时间	人群名称	人群ID	提供方	到期时间	覆盖人数
2019-06-13	15天浏览1次_收藏1次 最近15天店内宝贝页总浏览量，最近15天店内总宝贝收藏量	3107185	达摩盘	2020-06-01	87,719
2019-06-13	近3天浏览1次_近收藏1次以上 最近3天店内宝贝页总浏览量，最近3天店内总宝贝收藏量	3107179	达摩盘	2020-06-01	23,286
2019-06-13	近3天浏览1次_收藏1次以上 最近3天店内宝贝页总浏览量，最近3天店内总宝贝收藏量	3107176	达摩盘	2020-06-01	23,286
2019-06-13	近7天浏览1次_7天收藏1次以上 最近7天店内宝贝页总浏览量，最近7天店内总宝贝收藏量	3107170	达摩盘	2020-06-01	46,044
2019-06-13	30天购买1笔以上 最近30天店内购买频次	3107153	达摩盘	2020-06-01	88,060
2019-06-13	15天访问35次以上_添加购物车 最近15天店内宝贝页总浏览量，购物车是否有店铺宝贝	3107149	达摩盘	2020-06-01	90,048

图像透视　选择渠道　修改　复制　删除

图 5-38　达摩盘认知人群

（4）选择资源位和出价，如图 5-39 所示。这里的资源位是以无线端为主的。如果在大促时段，也会有 PC 端流量，到时候可以分配一笔预算去覆盖，不过现在还是以无线端（特别是手淘首页焦点图）为推广重点，因为认知人群的覆盖数量相对潜客人群会少很多，所以出价要比拉新出价稍微高一点才可以，建议出价为市场建议价的 60% ～ 80%。

（5）选择爆款创意图，建议针对一个资源位至少使用 20 张图片进行测试，将展现量大于 500 个且点击率低于同期最高点击率一半的创意图删除，最后只保留 1 ～ 2 张高点击率、高转化率的创意图，并持续投放，从而获得更好的投入产出比。

图 5-39　选择资源位和出价

（6）认知转化的核心指标是转化率和投入产出比 ，在计划单元的创意图经过测试且点击率稳定的前提下，针对计划花费效果和人群投产效果进行反馈，增加资源位的投放，提升计划投入产出效果。

3．老客召回计划

老客就是指已经成交至少 1 次的客户。可以通过智钻的再次定向对老客进行召回，从而提高店铺新品和店铺大促活动的销售额。

（1）营销参数设置，如图 5-40 所示。老客召回通常不是以成交为导向的，而是希望触达更多的老客，因为一般店铺的老客都是比较少的，所以触达老客能够优化点击量。

（2）基本信息的设置和认知转化计划是一样的。由于老客的人数通常较少，一般采用尽快投放的方式。第一种情况是在店铺上架新品的时候，可以针对老客进行二次触达，同时进行新品测试；第二种情况是在大促期间，可以针对老客进行活动触达，召回老客粉丝。

（3）单元命名建议采用一个单元一个定向的方式，方便后期的单个定向或者单元的优化。

（4）定向的选择是操作重点。

图 5-40　营销参数设置

　　首先看下重定向下的店铺人群，看看哪几个是针对老客的。其一是购买忠诚客户，即在 365 天内购买 2 次及以上的客户；其二是加强复购人群，即 365 天内购买 1 次的客户；其三是成交人群（包含不同时间维度）。这 3 个店铺人群都是重定向下的老客人群，如图 5-41 所示。

图 5-41　重定向下的店铺人群

其次可以通过达摩盘定向下的"细分购买行为＋时间维度＋近期行为"来圈定老客人群，如图 5-42 所示，比如"180 天购买 1 次""近 7 天收藏了新品未购买"等项目。

单元信息	出价设置	消耗↑↓	展现量↑↓	点击量↑↓	千次展现成本↑↓	点击率↑↓
180天购买3次以上 计划：全店推广_DMP计划_CPC_DMP人群2 不限	手动出价 出价区间：1.19	141.30	1,558	109	90.69	7.00%
180天购买1次_15天访问20次以上 计划：全店推广_DMP计划_CPC_DMP人群2 不限	手动出价 出价区间：1.04	130.60	1,151	127	113.47	11.03%
90天收藏1次且添加购物车 计划：全店推广_DMP计划_CPC_DMP人群2 不限	手动出价 出价区间：0.58	191.51	2,417	221	79.23	9.14%
180天购买1次 计划：全店推广_DMP计划_CPC_DMP人群2 不限	手动出价 出价区间：0.54	638.96	7,182	713	88.97	9.93%
180天购买1次_180天收藏1次以上 计划：全店推广_DMP计划_CPC_DMP人群2 不限	手动出价 出价区间：0.61	349.43	3,977	358	87.86	9.00%

图 5-42　达摩盘定向

（5）选择资源位和出价。此处的设置与认知转化计划是一样的，只不过出价应该略高于认知人群的出价，因为老客的群体会更少一点，所以建议出价是市场建议价的 80%～100%，活动周期略长一些。

（6）选择创意图。新品通常可以采用原来积累的具有高点击率的创意模板，快速制作创意图片，但也要求每个新品至少有 5 张以上的创意图进行投放测试，最终根据点击率选择最佳的高点击率创意图并持续投放。

（7）老客召回计划的核心指标是老客成交的体量和老客召回的人数。不仅可以通过全店推广召回老客，还可以通过内容推广召回老客，或者通过超级推荐的新品推广召回老客，这些都是很不错的方式。在新品预热的时候一定要加强对老客的投放。

5.2.3 智钻活动周期玩法

1. 大促准备期智钻运营策略

每一次大促活动对智钻系统的影响都特别大，智钻的点击单价也会水涨船高。大部分商家都只在活动的时候简单投放智钻展位推广，这就导致推广效果往往不尽如人意，因为他们在大促活动的准备期没有进行智钻的合理测试和调整。

在大促活动的运营上，商家通常分两类：打标商家和未打标商家。前者是店铺基础比较好、有一定等级的店铺，后者是店铺基础和等级都一般的店铺。

打标商家准备期的智钻投放类似于我们日常的智钻投放，但是有所侧重。打标商家准备期可以加强对创意图和定向人群的测试，到了活动时期可以做到有的放矢。

全店推广的计划布局玩法，如图 5-43 所示。

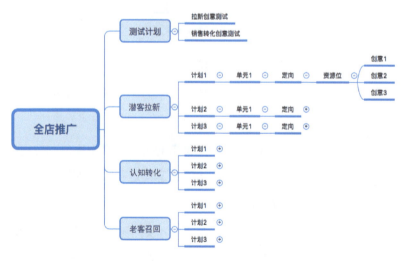

图 5-43 全店推广的计划布局玩法

（1）定向选择

准备期的定向布局应以测试为主，潜客拉新、认知转化、老客召回等定向都可以尝试做。如果认知人群和老客人群的体量很小，可以重点做潜客拉新定向投放或者增加单品投放；如果老客人群的体量大，那可以在潜客拉新定向和老客召回定向两方面均衡投放。三大客户定向建议，如图 5-44 所示。

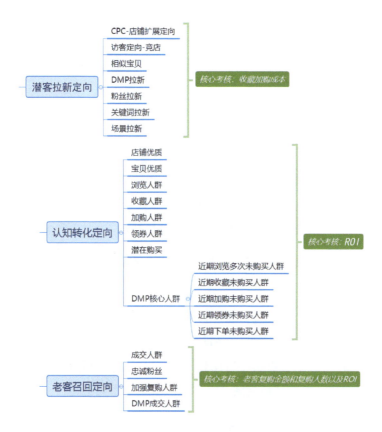

图 5-44　三大客户定向建议

（2）资源位

建议将资源优先投放于站内无线端。如果预算充足，建议进行多资源位投放测试。关于投放的资源位，可以优先选择无线端的资源位，如图 5-45 所示。

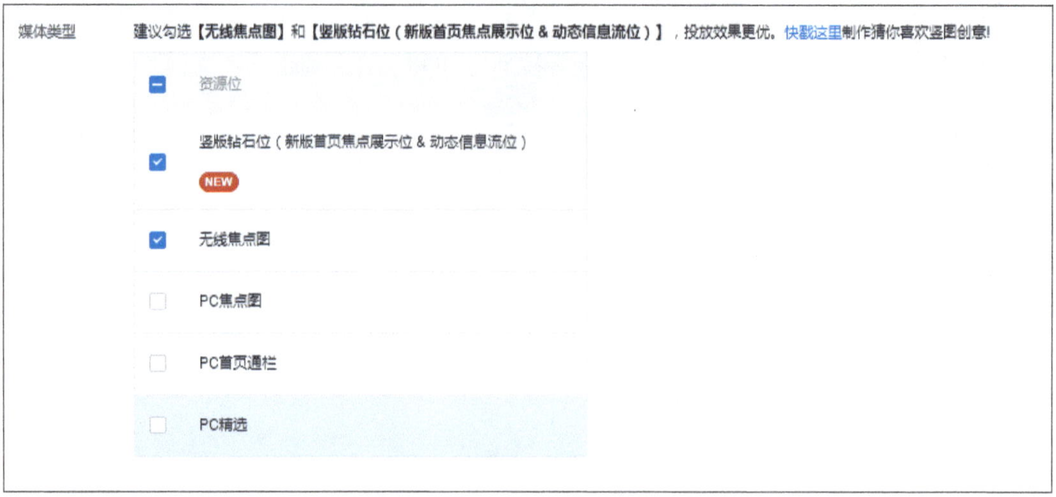

图 5-45　站内资源位选择

(3) 创意图制作

在准备期，我们要多制作创意图。创意图的设计技巧如下。

① 把握"老客推新品，新客推爆款"原则，对潜在客户、沉默客户投放不同的创意图和链接。

② 赢得潜在客户的关键词：共鸣，明确告知商品的适用对象，寻求契合点，引起客户共鸣；信任，结合聚划算、淘抢购等官方活动（如果有的话），增加客户信任；价值点，突出活动利益点（如低价、秒杀、折扣、清仓等）、商品高销量（市场认可背书）、店铺增值服务（如运费险等信息），引导客户尝试。

③ 在对潜在客户进行投放时，需要突出商品竞争力，如店铺创建年份、历史评价、品牌情怀等，还要突出店铺和品牌名称，加深客户印象，这样在后期重定向的时候更容易让客户转化。

④ 收集同行同类目的智钻投放创意图或者竞店最近一年的智钻投放创意图，分析并学习高点击的文案和图片。智钻创意图片的收集路径为"创意→创意指导→创意排行榜→全部店铺和我关注的店铺"。

建议对每个对应的人群制作 20 张甚至更多创意图。

（4）出价

准备期的流量还不算贵，所以这个时候最适合测试图片。我们的出价应为市场建议价的80%～150%，出价过低，图片的点击量会很低，出价过高，则测试成本就会太高。

（5）时间

在测试的时候，需要针对花费的数据，每隔1～2小时进行数据调整优化。智钻创意图测试可以选择白天进行，也可以选择晚上的人流高峰期进行。

（6）地域

一开始可以选择店铺以往活动中具有高转化率的前8～10个省份，之后如果展现量不足可以选择全地域投放。

（7）落地页

建议以首页和二级页面投放为主。落地页结构如表5-1所示，要做好流量分流和闭环，可以使用淘积木的智能互动玩法，如有礼玩法、智能导航等。

表 5-1　落地页结构

第一屏：展示主推款海报（模特场景、静物场景，采用平铺、挂拍等方式展示）
第二屏：展示店铺商品分类图、活动分类图，以及爆款的商品
第三屏：展示销售排行 TOP 20 款的前 5 个商品（求精不求多）
"千人千面"海报（即针对不同人群投放不同的内容）
第四屏：主推款展示（与第一屏不同，需要换颜色、换模特姿势、换场景）
第五屏：展示销售排行 TOP 20 款的其他商品
后续数屏可以自定义，比如展示新品、清仓商品
最后一屏：展示店铺商品分类图、活动分类图，以及主推款商品

2．大促预热期智钻运营策略

在大促预热期间，流量价格水涨船高。由于在准备期已经调整了数据，在这一阶段，就要针对计划人群的收藏、加购、成交效果，进行重点投放，放大人群定向效果，人群策略更侧重于拉新方面。

因为打标商家在广告预算上面资金充足，其做活动的目标销售额也非常清晰，有明确的智钻流量需求，会对智钻推广的预算进行分配。

如表 5-2 所示，这是一个预算分配规划的案例，广告费预算为 30 万元，可见分配到智钻推广的预算为 12 万元。

表 5-2　预算分配规划

按照销售额 10% 匹配广告费（例如：30 万元），直通车推广与智钻推广的比例为 6:4	
直通车推广预算：18 万元	智钻推广预算：12 万元
1．关键词 + 搜索人群	1．潜在客户
2．定向推广	2．认知客户
3．批量推广	3．成交客户

再对智钻推广预算 12 万元进行细致分配，主要分配给预热期、爆发期。预热期的花费比爆发期更多，因为活动整体的产出效果有约 70% 依赖于预热效果的好与坏，因此建议将预算中的 8 万元分配给预热期，将 4 万元分配给爆发期。

接着再将 8 万元分解到预热期的每一天。预热期的前几天仍然以测试创意图为主，预算不用太多，但是进入真正的预热黄金期后，预算就需要大大增加。这里就不做细致分解了，核心人群策略还是以拉新为主。

（1）计划搭建

计划搭建的路径是"测试计划→自定义计划→自定义人群→资源位设置"。

在这一阶段，预算控制是重要操作，因此建议采取多计划、小预算的形式进行投放。

在预热期，创意图的测试是非常重要的环节，需要针对同一个资源位，进行人群点击率数据测试。

预热期间的核心投放时间离大促爆发时间越近越好。通过复盘活动数据，就可以获得活动的账户汇总报表，如图 5-46 所示。除了逐步增加预算外，还需要建立多个计划进行投放。

账户整体报表	数据明细						
双11活动报表	广告类型	总体概览			浅层兴趣行为		
账户汇总报表		消耗	千次展现成本	展现量	点击单价	点击量	点击率
批量下载	未知人群探索	-	-	-	-	-	-
计划组报表	泛兴趣人群拉新	4,534.98	3.82	1,186,919	0.21	21,787	1.84%
高级报表	兴趣人群收割	135,416.93	23.21	5,834,863	0.68	199,013	3.41%
	自定义	1,688.16	9.08	185,862	0.66	2,540	1.37%

图 5-46　账户汇总报表

预热期全店推广计划玩法，如图 5-47 所示。

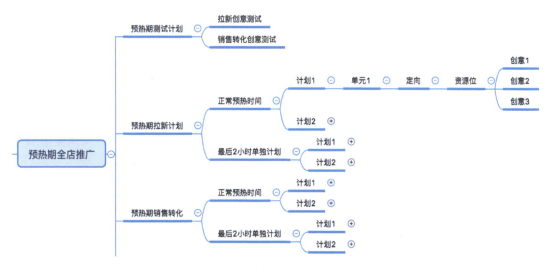

图 5-47　预热期全店推广计划玩法

（2）定向选择

预热期的定向选择应以拉新为主。这里建议选择如下的定向人群来对潜客进行拉新：泛兴趣人群计划下的 AI 优选人群、店铺智选人群、相似店铺人群、相似宝贝人群、通过达摩盘的宝贝特征属性圈选的人群、交集叶子类目行为人群、投放渠道活跃人群、行业特征人群、行业策略人群、交集投放渠道活跃人群、收藏 / 加购 / 未购买的非店铺粉丝人群等。营销目标是提升曝光量或点击量。

在预热期，尽可能让泛兴趣人群、兴趣人群、圈层人群多收藏 / 加购商品、关注店铺，加深消费者与店铺关系。重点关注数据指标：加购量、收藏量、店铺访客量、店铺关注量。

（3）资源位

预热期的资源位就是准备期测试好的、具有高性价比的资源位。当单个资源位匹配某一个定向时，如果流量有限，可以用该定向布局多个资源位。建议使用竖版钻石位和无线焦点图结合投放。

（4）创意图

预热期的创意图通常是准备期测试好的图片，再加上活动对应的文案进行投放测试并确定。这一阶段建议使用"以体现活动促销性为主、以体现商品的价值为辅的组合文案"进行投放。

（5）出价

这个时候应重点关注流量变化情况，每天对比前一天流量趋势和今天实时情况。当流量出现大幅度下滑时，需要提高出价改善。出价可以参考准备期的出价体系并逐步增加。

（6）时间

如果流量需求大，可以对减小对时间的限制；如果流量需求一般，而对流量效果要求比较高，可以根据准备期不同定向的不同时间上的效果来选择优秀时段并增加投放。预热期精细化分割预算的例子如图 5-48 所示。

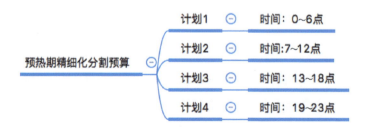

图 5-48　预热期精细化分割预算的例子

在这个案例中，把拉新的定向人群按照时间分割成 4 个计划，拆开投放，不同时段的费用不同，确保投放效果最大化。

（7）地域

一开始可以选择店铺以往活动中具有高转化率的前 8 ~ 10 个省份，之后如果展现量不够，则可以选择全地域投放。

（8）落地页

可以参考准备期的落地页玩法，增加活动信息和具体的活动引导玩法，引导客户收藏和加购。

3．大促爆发期智钻运营策略

当活动进入爆发期时，我们就要实现认知人群的转化，可以兼顾拉新。在爆发期，要重点关注 3 个时间段，如表 5-3 所示，分别制定智钻运营策略。

表 5-3　大促爆发期 3 个不同时间段的智钻运营策略

时间进度	概况	定向	出价	创意图	费用匹配
前 2 小时	活动刚刚开始，目标人群的购买力最强，特别是之前加购和收藏商品的人群	以转化为主，以拉新为辅	对于拉新，采用中等出价；对于转化、召回，采用高出价	这时活动文案与预热期的活动文案有一些差别；建议使用预热期具有高点击率的创意图进行测试，并持续投放	预算占该阶段总预算的 20%，快速测试出优秀的创意图
中期	创意图测试已经完成。按照店铺营销节点控制拉新比例，关注流量变化，及时调整出价，唤醒不同的客户			保留测试完成的 2 ~ 3 张优秀创意图并持续投放	预算占该阶段总预算的 70%
最后 1 天	这次活动时间比较长，大部分用户已经完成购买，可能还有少数用户错过购买				预算占该阶段总预算的 10%

打标商家在这一阶段肯定要兼顾防守和进攻，建议以转化为主，以拉新为辅。这里的"防守"是指促进收藏、加购店铺宝贝的客户实现成交，"进攻"是指通过店铺核心优质单品获取相似店铺、相似宝贝的人群流量。

（1）计划搭建

① 销售转化计划搭建

在这一阶段，销售转化将成为重中之重。通过不同时段布置不同的计划来提高认知人群的覆盖面，把预算向最优的计划倾斜，对准备期和预热期测试好的高转化的人群进行重点投放。如果店铺的老客户比较多、复购率比较高，这一阶段可以重点吸引老客户，比如一些网红的服饰店铺。"爆发期销售转化-防守"的脑图，如图5-49所示。

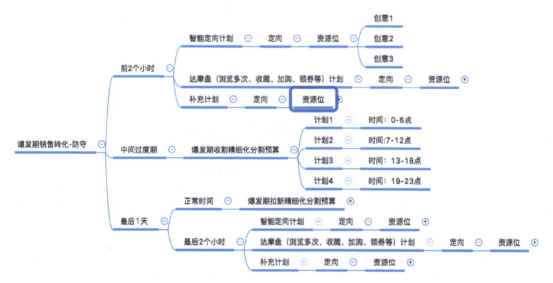

图5-49 "爆发期销售转化-防守"脑图

② 拉新计划搭建

在这一阶段，拉新并非工作重点，预算比较少。建议把所有的预算都投放到最优的计划上。"爆发期拉新计划-进攻"脑图，如图5-50所示。

每到大型活动，很多店铺的老客户通常会复购，店铺需要对这些客户进行引导，防止流失。在活动期间，老客户购买商品的客单价、件数，以及转化率都是非常高的，产出效果无疑也是非常好的，所以对于老客户的投放是极其重要的。

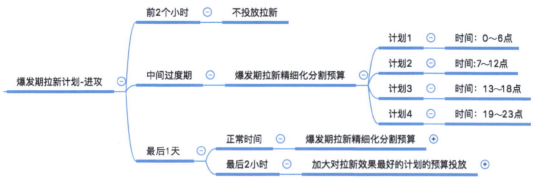

图 5-50 "爆发期拉新计划 - 进攻"脑图

针对老客户的投放类似销售转化投放，对于流失的老客和高频购买的老客分开投放。这里使用的定向是通过达摩盘定向的组合成交标签和购买时间来实现的。达摩盘老客标签报表如表 5-4 所示。

表 5-4 达摩盘老客标签报表

行标签	展现量	点击量	收藏次数	加购次数	15天成交金额（元）	消耗金额（元）	CTR	PPC（元）	ROI	收藏加购率	收藏加购成本（元）
180天购买3次	779778	46736	3578	13980	2403020.993	99666.7	5.99%	2.13	24.11	37.57%	5.68
180天购买1次_15天访客	515156	67982	3912	15038	2529708.983	106811.54	13.20%	1.57	23.68	27.88%	5.64
90天收藏1次且加购物车优惠券	85100	10698	1616	2746	215157.4381	17182.54	12.57%	1.61	12.52	40.77%	3.94
180天购买1次	168098	12550	932	2194	291031.9942	23896.54	7.47%	1.9	12.18	24.91%	7.64
180天购买1次	235208	27190	1748	5448	491490.5624	42354.5	11.56%	1.56	11.6	26.47%	5.89
30天收藏1次且加购物车	255372	29562	6888	6102	545171.9258	50087.88	11.58%	1.69	10.88	43.94%	3.86
7天访客_15天加购物车	257660	24982	1236	7242	517321.288	57680.52	9.70%	2.31	8.97	33.94%	6.8
180天购买1次且加购物车	136412	4882	90	1418	141099.8795	20365.12	3.58%	4.17	6.93	30.89%	13.5
180天购买1次_180天收藏1次	217956	10594	1488	1880	210127.4009	33072.44	4.86%	3.12	6.35	31.79%	9.82
180天购买1次_30天收藏1次	99352	4026	978	822	93385.7564	15418.24	4.05%	3.83	6.06	44.71%	8.57
15天访客_35天加购物车	338484	13942	858	3866	252616.3696	51701.7	4.12%	3.71	4.89	33.88%	10.94
30天购买1次	46714	1234	44	230	22649.8242	6039.94	2.64%	4.89	3.75	22.20%	22.04
7天浏览收藏1次	69016	9284	2508	644	30780.9816	15016.34	13.45%	1.62	2.05	33.95%	4.76
3天浏览收藏1次	67498	2340	754	170	14684.0196	9532.12	3.47%	4.07	1.54	39.49%	10.32
15天浏览收藏1次	100088	11882	3310	778	24414.227	16306.66	11.87%	1.37	1.5	34.40%	3.99

（2）定向选择

如表 5-5 所示，这里将准备期的测试数据和以往的投放数据作为参考。

表 5-5　定向选择

人群方向	人群定向选择策略		预算
潜在客户（拉新）	店铺智选人群		占爆发期预算的 10% ～ 20%。如果是粉丝较少的新店，应适当提高拉新预算占比
	相似店铺人群		
	关键词兴趣人群		
	相似宝贝人群		
	达摩盘圈选人群（按照叶子类目搜索偏好圈选有收藏、加购行为但未购买的非店铺人群）		
现有客户（转化）	达摩盘圈选人群（圈选深度浏览 5 次以上，有收藏、加购、领券、下单行为但未购买的人群）		占爆发期预算的 60% ～ 70%，用于转化准备期积累的客户
	店铺优质人群		
	店铺智选人群（选择店铺优质、宝贝优质、宝贝行为 3 个选项）		
	重定向人群（有浏览、收藏、加购、领券行为的潜在购买人群）		
沉睡客户（召回）	达摩盘圈选人群（其一，圈选之前购买过商品但近期没有进店或者购买的人群；其二，圈选有高频购买行为的沉默粉丝）		占爆发期预算的 10% ～ 20%，用于唤醒沉睡的老客。可以通过 CRM 等多种方式去提高老客的触达率。具有高复购率的店铺可以适当增加预算占比
	重定向人群（圈选有复购行为的忠诚客户）		
	营销沉淀人群		

（3）资源位

爆发期的资源位也是准备期测试好、具有高性价比的资源位。当单个资源位匹配某一个定向时，如果流量有限，可以用该定向布局多个资源位。建议预算投放优先顺序为：无线端站内、PC 端站内、无线端站外。

（4）创意图

爆发期的竞争异常激烈，这个时候尽量保证每个定向都能使用具有最高点击率的创意图投放。用高点击率的创意图和店铺不同的营销活动文案进行组合投放，快速完成测试并投放，提高智钻推广效果。尽量选择强调时效性、紧迫感的文案，比如"你的购物车中的宝贝即将售罄""错过今天再等一年"等。

（5）出价

在不同的时间节点上，出价策略会不一样。活动正式开始后 2 个小时内的出价建议参考预热最后 1 天的最后几个小时的出价，要关注流量变化情况，切勿盲目溢价。进入活动平稳期，出价主要参考流量的变化，以及市场均价的变化，防止重要人群流量的波动幅度变大。在临近活动结束的 2 小时里也会迎来竞价高峰期，重点关注核心流量变化，及时调整出价。

（6）时间

在活动的不同时间段，转化率是不一样的，对比复盘活动时间的转化率数据来做精细化投放，并在活动后对不同时间段的转化率进行复盘，如表 5-6 所示。这样在下次活动爆发期，可以将之作为参考。

表 5-6　活动每个时段的转化率复盘

统计时段	访客数	下单买家数	下单转化率
00:00~00:59	63625	14236	22.37%
01:00~01:59	29991	2387	7.96%
02:00~02:59	15451	902	5.84%
03:00~03:59	9064	458	5.05%
04:00~04:59	6724	328	4.88%
05:00~05:59	8167	363	4.44%
06:00~06:59	17647	764	4.33%
07:00~07:59	32400	1222	3.77%
08:00~08:59	37947	1430	3.77%
09:00~09:59	40342	1486	3.68%
10:00~10:59	36981	1329	3.59%
11:00~11:59	32585	1175	3.61%
12:00~12:59	30392	952	3.13%
13:00~13:59	33577	906	2.70%
14:00~14:59	33977	922	2.71%
15:00~15:59	33181	853	2.57%
16:00~16:59	32114	725	2.26%
17:00~17:59	30048	727	2.42%
18:00~18:59	30086	612	2.03%
19:00~19:59	35253	702	1.99%
20:00~20:59	41821	882	2.11%
21:00~21:59	45380	1089	2.40%
22:00~22:59	51458	1548	3.01%
23:00~23:59	49127	2901	5.91%

（7）地域

一开始对日常高转化率的地域进行重点投放，如果流量不足可以进行全地域投放。

（8）落地页

应重视爆发期活动页面的及时更换以及淘积木的互动玩法，参考爆发期实时转化率，并及时调整宝贝的楼层顺序，让转化率高的宝贝获取更多流量。

5.2.4 智钻拉动手淘推荐流量玩法

智钻的单品推广可以实现店铺单品的爆款打造，从而带动手淘推荐流量。我们在正常的单品推广的过程中，要重视选款、测款、测图，从而提升单品的销量，快速带动推荐流量增长。通过推广单品提升手淘推荐流量的流程，如图 5-51 所示。

图 5-51　通过推广单品提升手淘推荐流量的流程

（1）新品测试。我们要完善单品计划的设置，重点是测试新品。

● 选品。通过测试选品。如果店铺的宝贝比较多，可以采取批量测试的方式进行投放。

● 场景。选择自定义场景或者日常销售场景。

● 计划。分类目搭建计划，比如某内衣店铺可以搭建文胸、文胸套装、内裤、袜子等几个计划，计划名称以类目做区分。

● 时间。选择全时间段。

● 地域。新店铺可以选择多个地域进行投放，去掉转化率低的 15 ～ 20 个地域；成熟店铺可以选择转化率高的 8 ～ 10 个地域。

● 单元。一个单元一个宝贝，单元名称使用宝贝 ID、核心词或者货号区分。

● 定向。初始测试可以选择所有的优质定向，比如"智能定向→访客定向""智能定向→相似宝贝定向"等。购物意图定向、扩展定向、达摩盘定向在新品测试阶段不需要开启。

● 资源位。手淘推荐是重点资源位。

- 出价。可以参考市场平均价,将之作为智能定向的初始出价。其他定向出价为"智能定向出价 × (1+ 位置溢价比例)";资源位出价为"定向人群出价 × (1+ 位置溢价比例)";初始出价建议使用系统建议价,这个可以使用下坡法出价,如果出价过高要及时调整。

- 创意图。需要上传宝贝的 4 张主图。支持本地上传。

- 标题。使用 30 个字(60 个字符)的宝贝标题,需要包含核心卖点并排除系统敏感词,可以有适当的吸引点击的字符。

(2)通过新品计划进行数据整理。具体操作如下。

- 在智钻的报表中选择对应的测款计划,然后下载单元报表数据,如图 5-52 所示。

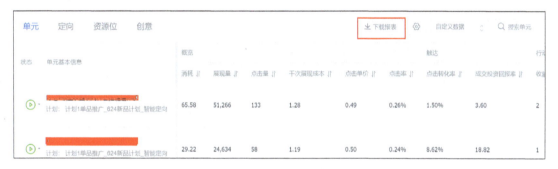

图 5-52　下载报表

- 把报表里面的单元数据下载后进行整理,如表 5-7 所示,然后计算出各个核心指标。

表 5-7　整理后的报表数据

单元	PV	UV	消耗(元)	CTR	PPC(元)	收藏宝贝量	收藏店铺量	添加购物车量	成交订单量	成交订单金额(元)	CVR(%)	ROI	收藏加购成本
C	7548	12	6.18	0	0.52	2	1	8	0	0	0	0	0.62
A	43693	89	54.75	0	0.62	14	1	47	4	245.35	4.49	4.48	0.90
F	23174	103	68.81	0	0.67	20	3	20	0	0	0	0	1.72
E	15878	22	12.08	0	0.55	2	1	2	0	0	0	0	3.02
G	20964	81	49.59	0	0.61	2	2	13	0	0	0	0	3.31
D	32211	291	191.48	1	0.66	25	3	27	6	359.58	2.06	1.88	3.68
B	46912	117	76.91	0	0.66	8	1	10	1	81.8	0.85	1.06	4.27

在该表格中，收藏加购成本即"花费／（收藏宝贝量＋收藏店铺量＋加入购物车量）"。

● 以表上数据为例，对数据进行综合分析，选择点击率高于同行水平的单元，并根据流量、收藏加购成本、转化率三个因素选择 A 单元的宝贝作为主推。

对于"点击率高于同行水平"这一指标，可参考图 5-53，可以选择对应类目查看。要想形成爆款，该宝贝点击率必须大于平均点击率的 1.5 倍以上才可以。

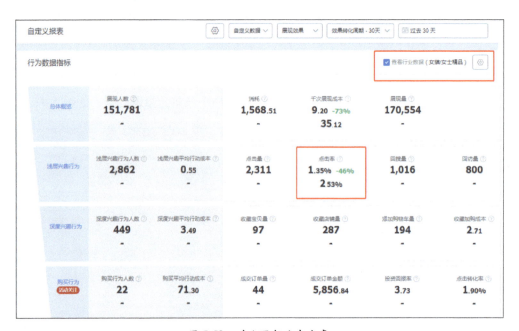

图 5-53　对比同行业点击率

（3）流量放大。在确定了主推款之后，就可以增加主推款的投放，重点关注流量和成交笔数的增加。可以从以下几个方面去增加主推款的投放。

● 预算放大。要合理增加预算。在之前测试的时候，根据预算的多少和圈定的人群数量去购买展现量，然后平均分配单品推广的预算。此时要增加主推款的流量，就要增加主推款的预算，让主推款的流量保持增加。

● 计划放大。刚开始，我们的新品只有一个测款测图计划，随着主推款的确定，这个时候就需要进行多计划布局，快速拉升流量。同一个宝贝的多计划布局也是可以采用的。最终评估流量的增长是否达到了预期。

- 定向放大。刚开始，新品选择定向的时候更多的是以智能定向为主的，随着宝贝成长，其对于流量的需求越来越大，这时一般都会在增加计划的同时也增加定向，比如增加购物意图定向、扩展定向、达摩盘定向等。定向及人群方向如表 5-8 所示，不同的定向圈定的人群方向不一样，可以结合计划营销参数下的场景进行有目的的投放。

- 资源位放大。在新品推广初期，核心资源位主要以 4 个"猜你喜欢"板块为主。随着我们对于流量的需求越来越大，可以对更多资源位进行投放，对于重点的首页"猜你喜欢"板块可以增加溢价，进行投放。

表 5-8 定向及人群方向

	定向内容	人群方向
智能定向	根据访客属性、宝贝标题、宝贝属性等智能圈定人群	拉新/认知/老客
访客定向	圈定喜欢我的店铺的人群	认知/老客
	圈定喜欢相似店铺的人群	拉新
相似宝贝定向	圈定喜欢我的宝贝的人群	认知/老客
	圈定喜欢相似宝贝的人群	拉新
购物意图定向	圈定近期对我的宝贝有购买意向的人群	拉新
达摩盘定向	通过达摩盘的自定义条件组合圈定人群	拉新/认知/老客
达摩盘精选	找到参加某项活动或者属于某个行业的人群	拉新
扩展定向	使用相关的热门购物意图标签圈定人群	拉新

（4）通过提升流量来提升商品销量。接下来，我们要评估智钻单品推广的流量是否能快速带动手淘推荐流量的增长。

- 需要借助生意参谋的该单品的手淘推荐流量和智钻单品流量的分析数据。单品各流量入口趋势如图 5-54 所示，分别下载两个数据的趋势，进行表格化处理。

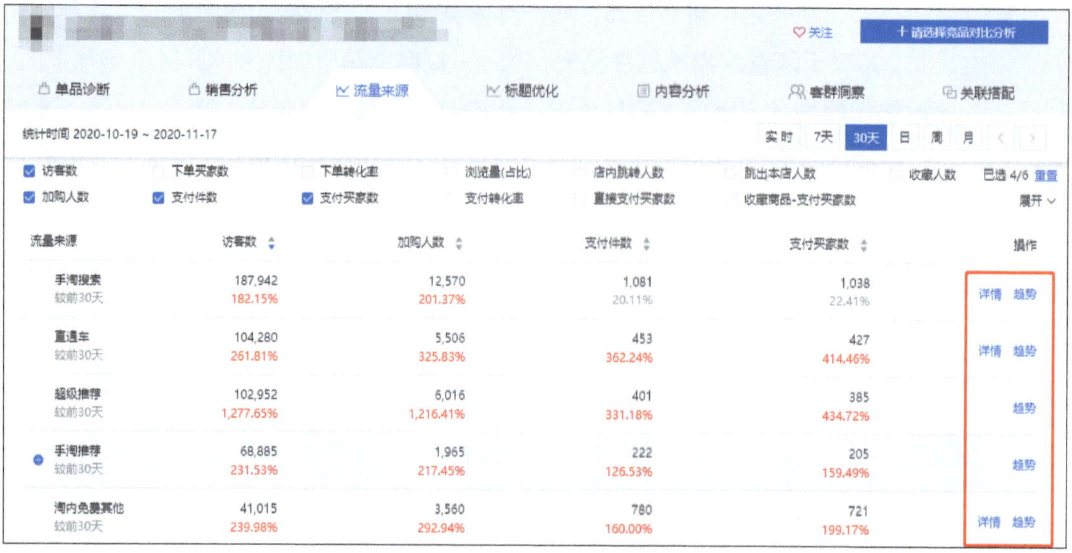

图 5-54　单品各流量入口趋势

- 这里建议使用两组数据之间的相关性函数：CORREL 函数。当两组数据相关性函数的数值在 0.5 ~ 0.8 时，两者就是显著相关；当数值在 0.8 ~ 1 时，两者就是高度相关。通过函数分析，如果智钻单品推广与手淘推荐流量的带动效率是显著相关或高度相关的话，就可以持续加大投放力度，从而快速提高手淘推荐流量。反之，就需要重新优化，优化方向以点击率和收藏加购率方向为主。

5.3　超级推荐工具引流玩法

超级推荐工具引流玩法就是在手淘"猜你喜欢"等推荐场景中穿插原生形式信息的推广产品，包括手淘核心的推荐渠道"猜你喜欢"板块、微淘、直播广场、有好货等，迎合消费者"逛"的需求。

超级推荐工具引流玩法包含 3 大场景，分别为商品推广、图文推广、直播推广，分别推广不同形式的内容。超级推荐的扣费公式是"下一名出价 +0.1 元"，展现逻辑是根据设置的定向人群进行竞价排名展现。

5.3.1 超级推荐新品推广玩法

下面通过案例来进行超级推荐新品推广玩法的解析。

该店铺属于女装类目，在"超级推荐→商品推广"页面下设置新品拉新计划、自定义计划，进行店铺新品推广。流程如下。

（1）进行店铺的数据化选款。数据化选款表格如表 5-9 所示。通过生意参谋的商品数据分析，选出同类目下收藏率、加购率、收藏加购率较高的款，进行推广。

表 5-9　数据化选款表

商品标题	商品链接	访客数	平均停留时长(秒)	详情页跳出率	支付转化率	支付金额(元)	支付商品件数	加购件数	访客平均价值(元)	收藏人数	客单价(元)	支付买家数	收藏率	加购率	收藏加购率
……身捆产品收胃透背商腰平角裤防走光裤	obao.com/item.htm?id=5	10416	14.2	22.97%	4.15%	14607.97	562	2346	1.4	397	33.81	432	3.81%	22.52%	26.33%
……钟妹妹排扣女士收腹带美体显身收腰带	obao.com/item.htm?id=5	21333	17.18	27.16%	5.38%	26434.03	1341	4628	1.24	879	23.03	1148	4.12%	21.69%	25.81%
……t镜陶盐调揉2019新款扶腹用带臀内衣女	obao.com/item.htm?id=5	9333	13.31	25.72%	3.47%	12006.05	418	1946	1.29	267	37.06	324	2.86%	20.85%	23.71%
……019早秋新款连衣裙古显腰休闲宽松长裤	obao.com/item.htm?id=5	26063	12.09	50.85%	1.54%	53168.68	420	5299	2.04	1812	132.26	402	6.95%	20.33%	27.28%

（2）搭建超级推荐新品拉新计划，进行引流测款测图，如图 5-55 所示。出价方面建议按照系统建议价的 1.5 ~ 2 倍出价，快速获得展现量，减少新建计划的冷启动时间。资源位溢价建议从加价 10% 开始，如果没有展现则每次加价 5%。

图 5-55　新建计划

（3）统计计划核心数据。超级推荐单品计划跟进表如表 5-10 所示。

表 5-10　超级推荐单品计划跟进表

维度	5月20日	5月21日	5月22日	5月23日	5月24日	5月25日	5月26日
消耗(元)	15.05	48.55	76.62	79.99	70.16	47.46	58.30
展现量	2421	6646	12224	10042	13246	6163	4387
点击量	38	111	176	196	288	225	306
点击率	1.57%	1.67%	1.44%	1.95%	2.17%	3.65%	6.98%
千次展现成本(元)	6.22	7.31	6.27	7.97	5.30	7.70	13.29
点击成本(元)	0.40	0.44	0.44	0.41	0.24	0.21	0.19
关注店铺量	0	0	1	1	0	1	0
收藏宝贝量	3	1	17	16	15	4	14
添加购物车量	2	5	27	14	31	17	32
成交金额(元)	0	0	0	0	486.8	99	461
ROI	0.00	0.00	0.00	0.00	6.94	2.09	7.91
成交订单量	0	0	0	0	3	1	3
点击转化率	0.00%	0.00%	0.00%	0.00%	1.04%	0.44%	0.98%
加购成本(元)	7.53	9.71	2.84	5.71	2.26	2.79	1.82
收藏加购成本(元)	3.01	8.09	1.70	2.58	1.53	2.16	1.27

（4）进行计划优化。单品推广的核心指标是点击率与点击量，需要筛选出计划内推广效果好的单元与定向位置。单元优化表如表 5-11 所示。定向位置优化表如表 5-12 所示。

表 5-11　单元优化表

计划	有效展现量	有效点击数	消耗(元)	收藏宝贝款	收藏店铺数	添加购物车数	成交订单金额(元)	PPC(元)	点击率	加购成本(元)	收藏加购成本(元)	收藏店铺成本(元)	ROI
701新品1	217338	8407	6888.62	319	38	672	16252.36	0.82	3.87%	10.25	6.69	181.28	2.36
库衣裤_主推	163526	5608	3541.9	152	15	324	6056.49	0.63	3.43%	10.93	7.21	236.13	1.71
708新品1	45817	1165	807.41	40	1	93	1784.03	0.69	2.54%	8.68	6.03	807.41	2.21
钩锚石测试	81412	1136	787.91	43	3	118	2714.73	0.69	1.40%	6.68	4.80	262.64	3.45
新品2	53163	1004	768.76	17	2	28	354.00	0.77	1.89%	27.46	16.36	384.38	0.46
套装_主推	48748	1312	720.07	38	1	72	800.47	0.55	2.69%	10.00	6.49	720.07	1.11
衣裤_次推1	35408	1246	713.14	25	3	48	133.00	0.57	3.52%	14.86	9.38	237.71	0.19
70新品3	41233	976	681.44	25	0	78	452.00	0.70	2.37%	8.74	6.62	#DIV/0!	0.66
701新品3_测试	37429	919	631.39	15	1	15	286.00	0.69	2.46%	42.09	20.37	631.39	0.45
715新品_测试	36049	604	594.03	14	2	53	537.00	0.98	1.68%	11.21	8.61	297.02	0.90
次优质款	51111	776	547.45	6	2	20	206.00	0.71	1.52%	27.37	19.55	273.73	0.38
主推	34637	1007	529.4	19	4	64	1229.00	0.53	2.91%	8.27	6.09	132.35	2.32
	20512	603	466.75	20	4	74	815.40	0.77	2.94%	6.31	4.76	116.69	1.75

表 5-12　定向位置优化表

定向名称	展现量	点击数	消耗（元）	收藏宝贝量	收藏店铺量	添加购物车量	成交订单金额（元）	PPC（元）	点击率	加购成本（元）	收藏加购成本（元）	收藏店铺成本（元）	ROI
访客定向-自主店铺	26473	4831	3371.82	443	12	916	14994.08	0.70	18.25%	3.68	2.46	280.99	4.45
潜在购买人群:是	5229	750	711.02	40	5	102	1205	0.95	14.34%	6.97	4.84	142.20	1.69
活跃粉丝:是	4121	635	556.91	33	0	149	2379.64	0.88	15.41%	3.74	3.06	#DIV/0!	4.27
购买忠诚客户:是	3248	469	399.47	31	2	104	1302	0.85	14.44%	3.84	2.92	199.74	3.26
沉默粉丝:是	2569	367	318.9	16	0	73	769.7	0.87	14.29%	4.37	3.58	#DIV/0!	2.41
加强购人群:是	1927	278	251.61	18	5	25	0	0.91	14.43%	10.06	5.24	50.32	0.00
潜在粉丝:是	1155	221	198.26	17	6	24	835	0.90	19.13%	8.26	4.22	33.04	4.21
手淘首焦:广告流量（7天曝光）	208	31	22.08	0	1	4	0	0.71	14.90%	5.52	4.42	22.08	0.00
手淘搜索:自然流量（7天浏览），广告流量（7天曝光）	167	15	10.05	1	0	1	0	0.67	8.98%	10.05	5.03	10.05	0.00
手淘猜你喜欢:自然流量（7天浏览），广告流量（15天点击）	18	5	3.62	3	1	0	0	0.72	27.78%	#DIV/0!	0.91	3.62	0.00
手淘内容:自然流量（7天浏览），广告流量（7天曝光）	12	3	2.47	0	0	0	0	0.82	25.00%	#DIV/0!	#DIV/0!	#DIV/0!	0.00
总计	45127	7605	5846.21	601	33	1398	21485.42	0.77	16.85%	4.18	2.88	177.16	3.68

单元与定向位置的筛选是一个数据表格优化的过程，根据人群定向的花费数据和点击率数据，分析计划内所有推广单元，选择点击量大于 50 个、点击率高于整体平均值 1.5 ～ 2 倍的人群定向，进行数据优化。

（5）进行创意图优化，如图 5-56 所示。保留点击量大、点击率最高的创意图，删除其他图。

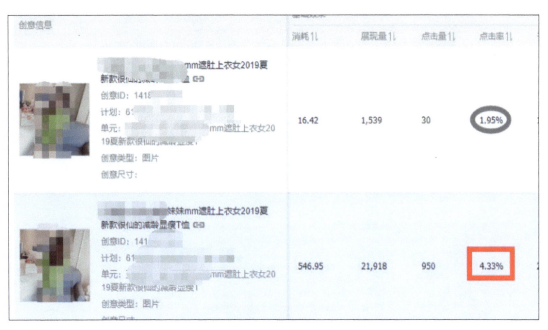

图 5-56　创意图优化

5.3.2 超级推荐带动手淘推荐流量玩法

超级推荐带动手淘推荐流量玩法分为2步。第1步，搭建爆款拉新计划；第2步，搭建自定义计划，收割超级推荐的爆款流量。

1. 搭建爆款拉新计划

在拉新场景下，应该思考的是如何让更多的流量进来。在这个时候，就可以进行数据化选款和测款，在计划中添加30～40个宝贝，先进行多款引流，之后再进行聚焦推广。

（1）基础参数设置，如图5-57所示。超级推荐的爆款拉新使用CPC付费模式，所以最小预算可以是30元。在这里，系统明确地备注了优化目标，通过不同目的搭建计划，使得投放更加精准，更能满足细分的投放需要。

图 5-57　基础参数设置

（2）添加推广宝贝，如图 5-58 所示。这里一般会对店铺宝贝进行分类测试。将宝贝分成新品、主推款、次推款等不同类别，分别进行测试和推广。我们要根据推广的目的来选择商品推广。

图 5-58　添加推广宝贝

（3）设置商品推广出价，如图 5-59 所示。建议按照系统建议价的 1.5 ～ 2 倍设置新计划的出价，从而快速获得展现量，减少新建计划的冷启动时间。资源位溢价建议从加价 10% 开始，如果没有展现则每次加价 5%。

图 5-59　设置商品推广出价

（4）设置创意图，如图 5-60 所示。创意图可以是宝贝的前 4 张主图。前期测试图以宝贝主图为主，在保证一定点击率后再进行持续推广。

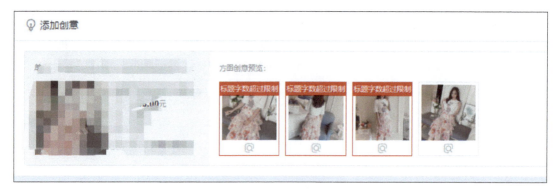

图 5-60　设置创意图

（5）计划优化，如图 5-61 所示。爆款拉新的目的正是拉新，那么核心指标就是点击量与点击率，要对测款计划中的 30 ～ 40 款商品进行筛选，选出计划内推广比较好的单元，保留点击量大于 100 次、点击率大于账户均值的单元，对于其他单元建议控制预算投入，如果预算有限，则可结束计划。

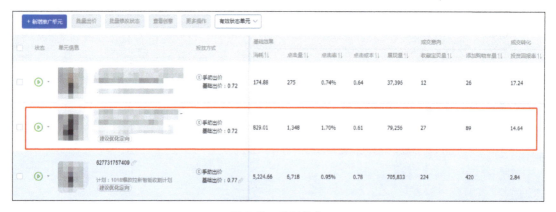

图 5-61　计划优化

（6）创意图优化。保留点击量超过 100 次、点击率高的创意图，其余创意图全部删除。

2．搭建自定义计划

店铺可采用自定义计划，收割超级推荐的爆款流量。自定义计划的布局款不必多，在测款之后把流量聚集在 1 ～ 2 款商品上，进行更强力的收割。

（1）基础参数设置，如图 5-62 所示。

图 5-62　基础参数设置

（2）添加推广宝贝，如图 5-63 所示。把店铺宝贝分成新品、主推款、次推款等不同类别，分别进行测试和推广。

图 5-63　添加推广宝贝

（3）定向人群设置，如图 5-64 所示。在初次搭建计划时，可以以智能定向为主，后期如果数据很好，可以增加其他定向进行补充。

图 5-64　定向人群设置

（4）修改出价，如图 5-65 所示。在拉新时，建议定向的初始出价低于市场平均价，按照市场平均价的 60% ~ 80% 出价即可，后续可以根据流量情况增加出价。

图 5-65　修改出价

（5）添加溢价资源位，如图 5-66 所示。资源位主要以手淘推荐的"猜你喜欢"板块为主，当然也可以把其他资源位的溢价打开。

图 5-66　添加溢价资源位

（6）添加创意，如图 5-67 所示。

图 5-67　添加创意

（7）优化计划。搭建自定义计划收割流量的核心指标是 ROI 和点击率，根据这两项指标进行计划分层，如果 ROI 大于账户均值的 2 倍，且点击率大于账户均值的 2 倍，则将之作为主推计划进行推广。此外要进行定向优化，将预算投放到有产出的定向上，删除没有产出的定向。

（8）创意图优化。保留点击量超过 100 次、点击率高的创意图，其余创意图全部删除。

5.3.3　超级推荐新粉丝获取玩法

1. 智能计划

（1）选择营销参数，如图 5-68 所示。

智能计划有 3 种关于新粉丝的营销场景：①吸引新粉丝，将内容展现给还未关注店铺的消费者；②拓展潜客，将内容展现给店铺的潜客（指过去 15 天内没有品牌意向搜索、微淘互动、聚划算曝光、进店浏览未跳失的行为，过去 90 天内没有商品收藏 / 加购、店铺收藏的行为，且过去 365 天内无下单和支付的消费者）；③促进新客，将内容展现给店铺的新客（指过去 15 天内有品牌意向搜索、微淘互动、聚划算曝光、进店浏览未跳失的行为之一，或过去 90 天内有商品收藏 / 加购、店铺收藏的行为之一，或过去 365 天内有下单但未支付的消费者）。

图 5-68　选择营销参数

（2）设置推广计划的基础参数，如图 5-69 所示。

图 5-69　设置推广计划的基础参数

（3）设置创意图如图 5-70 所示。

图 5-70　设置创意图

2．标准计划

可以选择投放"猜你喜欢"资源位，帮助店铺获取新客，然后通过店铺的人群定位和产品视觉定位，进行客户行为转化，让客户从认知到感兴趣，到购买，再到变成铁粉，实现店铺客户的沉淀和积累。店铺在进行日常投放、活动预热、爆款打造时，都可以对沉淀的客户进行营销。

（1）营销参数设置，如图 5-71 所示。

图 5-71　营销参数设置

（2）推广内容包含 3 种展示形式，即淘积木、图文、短视频。

（3）定向人群的设置，如图 5-72 所示。在定向选择上，智能定向是默认必选的，在这里笔者建议选择智能定向和拉新定向。

图 5-72 定向人群

（4）出价及资源位选择，如图 5-73 所示。这里的资源位只有"手机淘宝_猜你喜欢_图文溢价"，至于出价，前期可参考市场平均价，后期则根据获取流量效果来评估是否需要增加或减少出价。

图 5-73 出价及资源位选择

（5）创意图选择。可选取直通车测试过的具有高点击率的图片作为创意图。

5.3.4 超级推荐老粉丝玩法

1. 智能计划

（1）营销参数选择，如图 5-74 所示。

图 5-74　选择营销参数

智能计划有 2 种关于老粉丝的营销场景：①维护老粉丝，将内容展现给已经关注店铺的消费者；②召回老客，将内容展现给店铺的老客（指过去 365 天内购买过店铺宝贝的消费者）。

（2）设置推广计划，如图 5-75 所示。

图 5-75　设置推广计划

（3）创意图设置，如图 5-76 所示。建议选取店铺爆款商品作为推广主体。智能计划会自动为创意链接生成落地页。

图 5-76　创意图设置

(4) 在超级推荐的智能计划中，一个计划可以同时设置多个创意图，从而进行创意图测试，如图 5-77 所示。

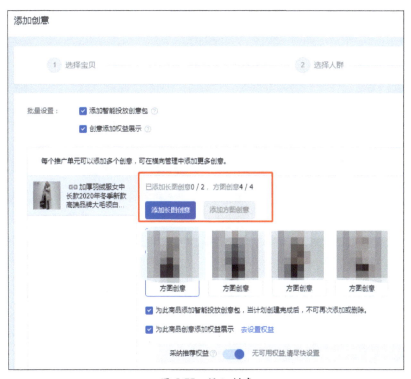

图 5-77　添加创意

2．标准计划

对于老粉丝的推广，建议选择微淘的资源位，集中在微淘中展示商品，进行推广。

（1）基本信息设置，如图 5-78 所示。

图 5-78　基本信息设置

（2）推广方式只有微淘一种。

（3）定向人群选择，如图 5-79 所示。因为面向老粉丝，智能定向是默认必选的，其他定向可以根据粉丝与店铺的分层关系以及粉丝的店铺行为轨迹来选择是否投放。对于老粉丝推广的效果比较好的定向人群还有：店铺加购人群、领券人群、收藏高的人群、浏览多的人群，这些人群使用达摩盘来定向会更精准。

（4）出价及资源位溢价。这里的资源位只有"手机淘宝 _ 微淘 _ 热门推荐"。日常做老客召回，建议按照系统建议价的 1.2 倍出价；在大促活动的时候做老客召回，建议按照系统建议价的 1.5 倍或以上出价。虽然点击的单价会比较高，但是老客产出的效果是最有保证的。

图 5-79　定向人群选择

5.3.5　超级推荐直播间玩法

1．猜你喜欢

系统通过消费者历史的浏览、收藏、加购行为，可以推算出消费者的性别、购买力、喜好等，推算出消费者可能喜欢什么商品，并在手淘推荐的"猜你喜欢"板块向消费者推荐相关商品。"猜你喜欢"板块的消费者通常是以"逛"为主的，所以转化率会有点低，但是流量是最大的。

（1）营销参数设置，如图 5-80 所示。

（2）根据不同的投放周期来选择投放日期，尽量设置偏长一些，效果会更好。

（3）付费方式，只能选择 CPC 付费模式。

（4）根据投放需求来设置每日预算。一般思路是先拿少量预算进行测试，然后根据数据的具体反馈来判断是否需要进一步增加预算。

（5）根据投放的具体需求设置投放地域和时段。

（6）投放方式可以细分为尽快投放和均匀投放。尽快投放是指如果遇到合适流量，则预算集中投放；均匀投放是指全天的预算平滑投放。

图 5-80　营销参数设置

2. 推广内容

（1）添加推广内容，选择需投放的链接，如图 5-81 所示。

图 5-81　添加推广内容

（2）选择定向人群，如图 5-82 所示。初次建立计划，建议选择多个定向人群进行投放，让预算均匀投放，确保每个定向位置有足够的投放量。到了正式推广期，可以参考加购成本、粉丝关注成本等因素，聚焦最佳定向人群进行投放。

图 5-82　选择定向人群

（3）关于人群出价，在拉新的时候，建议定向的初始出价低于市场平均价，按照市场平均价的 60% ～ 80% 出价即可，后期可以根据流量的情况提高出价。

（4）添加溢价资源位，如图 5-83 所示。重点资源位的出价为"定向人群出价 ×(1+ 位置溢价比例)"。

（5）创意在线制作，如图 5-84 所示。

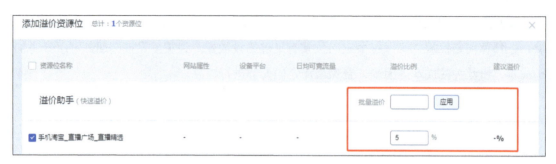

图 5-83　添加溢价资源位

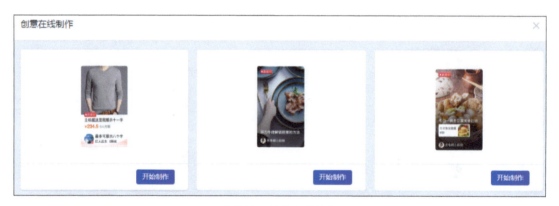

图 5-84　创意在线制作

展示形式和要求如下。

① 单品展示形式：需要选择单品。

② 短视频形式：需要直播标题、尺寸为 342px×568px 的视频封面图、尺寸为 342px×568px 的视频。

③ 图文形式：需要直播标题、尺寸为 342px×530px 的图片。

3．微淘／直播广场流量包

（1）基础信息设置如图 5-85 所示。

图 5-85　基础设置

（2）添加推广内容，选择需投放链接，如图 5-86 所示。

图 5-86　添加推广内容

（3）选择定向人群，如图 5-87 所示。在测试期建议进行多个定向人群的投放，让预算均匀投放，确保每个定向人群都有足够的预算投放量。在进入正式推广期后，则需要聚焦最优的定向人群进行投放。

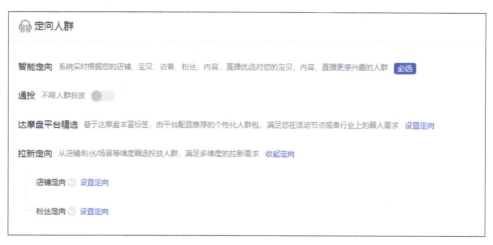

图 5-87　定向人群

（4）根据自己的投放能力来设置出价。新手可以考虑采用"自动出价"方式，在有了一定经验后，建议手动出价。

（5）资源位及溢价，如图 5-88 所示。对于 3 个资源位，建议都选择开启。

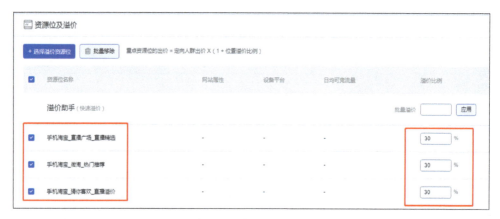

图 5-88　资源位及溢价

5.4 淘宝客工具引流玩法

淘宝客推广是对店铺商品进行佣金设置，并按成交金额进行结算的推广方式。淘宝客推广的优势是按照成交付费，展现和点击都是免费的。淘宝客工具引流的玩法分为营销计划、自选计划、如意投计划和活动计划等玩法。淘宝客推广产品看板如图 5-89 所示。

图 5-89　淘宝客推广产品看板

5.4.1 淘宝客营销计划玩法

淘宝客的营销计划玩法针对商品有 3 种类型的佣金推广方式，分别为日常推广、默认推广、活动推广，可以根据商品的情况制定推广策略，进行佣金的设置和调整，从而获取淘宝客流量。该计划支持推广单品管理、优惠券设置管理、佣金管理、营销库存管理、推广时限管理等商家推广所需的基本功能，并可支持查看实时数据及各项数据报表。淘宝客营销计划看板如图 5-90 所示。

图 5-90　淘宝客营销计划看板

（1）通过路径"联盟后台→计划管理→营销计划"，进入商家营销后台的淘宝客营销计划设置入口，如图 5-91 所示。

图 5-91　淘宝客营销计划设置入口

（2）在淘宝客营销计划中添加主推商品，可勾选"只显示可添加商品"复选框，可输入商品名称或商品 ID 找到商品，勾选后将商品加入计划，如图 5-92 所示。若在本页面里找不到目标商品，可能该商品不允许参与淘客推广。

（3）淘宝客营销计划的商品佣金设置，如图 5-93 所示，最多可以设置 10000 款商品，选择商品之后就可以进行佣金设置，佣金比例的设置范围是 5% ～ 90%。佣金比例设置需要考虑商品的利润空间，切记在设置佣金比例之前先进行利润计算，通过计算来确定。

图 5-92　添加主推商品

图 5-93　商品佣金设置

关于商品佣金设置的注意点如下。

① 推广时间。对于一款商品，商家最多可自主设置 3 个日常推广策略，推广时间可以重叠。当天保存设置，确认推广策略，该策略次日即生效，会按照具体推广时间进行推广。

② 佣金比例。营销计划的最低佣金比例要高于通用计划的佣金比例。

③ 阿里妈妈推广券。阿里妈妈推广券是阿里妈妈官方唯一指定的淘宝客渠道推广优惠券，是一种推广优惠券。通过"佣金＋阿里妈妈推广券"方式推广，将大大提升商品被淘宝客选择的概率。若商家已在卡券平台上设置过阿里妈妈推广券，则设置的阿里妈妈推广券会自动同步到淘宝联盟淘宝客平台后台，支持淘宝客推广，如图 5-94 所示。

图 5-94　阿里妈妈推广优惠券设置

（4）在设置商品佣金并开始推广之后，就可以进行店铺营销计划报表数据分析，了解实时、最近 7 天 /15 天 /30 天的推广数据反馈，了解店铺在某个时段的推广点击数、付款笔数、付款金额、结算金额、佣金支出、服务费支出、佣金比例（即佣金率）、服务费率等数据，了解店铺淘宝客推广效果，如图 5-95 所示。

图 5-95　营销计划整体报表

店铺营销计划的报表可以按照时间维度进行数据下载，如表 5-13 所示，了解淘宝客推广效果、佣金支出，可以根据推广效果，进行店铺佣金调整，控制淘宝客推广支出。

表 5-13 下载的营销计划报表

数据日期	点击数	付款笔数	付款金额（元）	点击转换率（%）	确认收货笔数	确认收货金额（元）	佣金支出（元）	服务费支持（元）	佣金率（%）	服务费率（%）	支出金额（元）
2019-07-16	537	5	1053.3	0.93	2	356.43	39.56	10.69	11.09	2.99	50.25
2019-07-15	204	3	962.03	1.47	0	0	0	0	0	0	0
2019-07-14	93	2	478	2.15	0	0	0	0	0	0	0
2019-07-13	135	0	0	0	2	398	44.18	11.94	11.1	3	56.12
2019-07-12	138	3	736.4	2.17	1	242.1	24.21	7.26	10	2.99	31.47
2019-07-11	199	1	209	0.5	1	186.68	24.27	3.73	13	1.99	28
2019-07-10	97	1	189	1.03	0	0	0	0	0	0	0
2019-07-09	120	5	1057.97	4.17	2	417.8	55.4	12.53	13.25	2.99	67.93
2019-07-08	86	2	389.1	2.33	1	203.99	23.05	6.12	11.29	3	29.17
2019-07-07	50	1	199	2	0	0	0	0	0	0	0
2019-07-06	68	3	555.43	4.41	3	537	69.87	16.11	13.01	3	85.98
2019-07-05	89	0	0	0	1	189.51	21.41	5.69	11.29	3	27.1
2019-07-04	126	0	0	0	2	360.1	64.74	20.75	17.97	5.76	85.49
2019-07-03	140	4	771.55	2.86	0	0	0	0	0	0	0
2019-07-02	97	1	199	1.03	2	418	47.24	12.54	11.3	3	59.78
2019-07-01	92	0	0	0	1	177.28	23.06	5.32	13	3	28.38
2019-06-30	29	2	365.78	6.9	1	188.91	24.58	5.67	13.01	3	30.25
2019-06-29	68	2	398.51	2.94	1	199	49.75	19.9	25	10	69.65
2019-06-28	523	4	806.74	0.76	0	0	0	0	0	0	0
2019-06-27	682	3	639.61	0.44	2	377.55	61.42	20.28	16.26	5.37	81.7
2019-06-26	119	2	358	1.68	2	380.25	69.99	20.36	18.4	5.35	90.35
2019-06-25	107	3	577	2.8	1	197.1	25.62	3.94	12.99	1.99	29.56
2019-06-24	53	2	397.55	3.77	2	388.55	46.74	9.76	12.02	2.51	56.5
2019-06-23	87	7	1363.1	8.05	0	0	0	0	0	0	0
2019-06-22	52	0	0	0	0	0	0	0	0	0	0
2019-06-21	60	0	0	0	1	209	23.2	6.27	11.1	3	29.47
2019-06-20	77	2	407.5	2.6	2	397.1	57.48	0	14.47	0	57.48
2019-06-19	231	1	188.91	0.43	3	636.52	63.64	26.37	9.99	4.14	90.01
2019-06-18	116	5	937.75	4.31	2	396.1	52.07	11.88	13.14	2.99	63.95
2019-06-17	62	1	198.55	1.61	1	189.05	47.26	0	24.99	0	47.26

（5）在设置商品佣金并开始推广之后，还可以进行某个商品的营销效果分析，了解实时、最近 7 天 /15 天 /30 天的推广数据，了解商品在某个时段的推广点击数、付款笔数、付款金额、点击转化率、佣金支出、服务费支出、佣金率、服务费率等数据，了解商品淘宝客推广效果，如图 5-96 所示。

商品营销计划的报表可以按照时间维度进行数据下载，如表 5-14 所示，了解商品的淘宝客推广效果、佣金支出，可以根据商品推广效果，进行单个商品的佣金调整，控制商品的淘宝客推广支出。

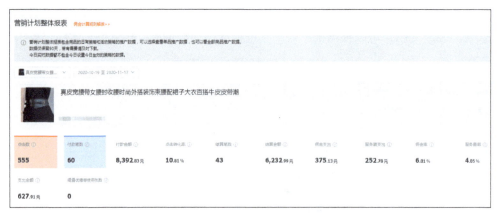

图 5-96　商品营销效果分析

表 5-14　商品营销计划报表下载

数据日期	点击数	付款笔数	付款金额(元)	点击转换率(%)	预估付款佣金(元)	预估付款服务费(元)	平均付款佣金比率(%)	平均付款服务费率(%)	结算笔数	结算金额(元)	结算佣金(元)	预估结算服务费(元)	推广券使用张数
2019-07-16	49	1	199	2.04	19.9	5.97	10	3	2	356.43	39.56	10.69	0
2019-07-15	34	0	0	0	0	0			0	0	0	0	0
2019-07-14	48	0	0	0	0	0			0	0	0	0	0
2019-07-13	80	0	0	0	0	0			2	398	44.18	11.94	0
2019-07-12	99	1	188.85	1.01	18.89	5.67	10	3	0	0	0	0	0
2019-07-11	165	0	0	0	0	0			1	186.68	24.27	3.73	0
2019-07-10	43	0	0	0	0	0			0	0	0	0	0
2019-07-09	59	2	370	3.39	37	11.1	10	3	1	198.8	22.07	5.96	1
2019-07-08	30	1	170.1	3.33	17.01	5.1	10	3	0	0	0	0	1
2019-07-07	34	1	199	2.94	22.09	5.97	11.1	3	0	0	0	0	0
2019-07-06	52	3	555.43	5.77	61.65	16.66	11.1	3	3	537	69.87	16.11	0
2019-07-05	69	0	0	0	0	0			0	0	0	0	0
2019-07-04	95	0	0	0	0	0			1	161.1	20.96	4.83	0
2019-07-03	100	2	397.8	2	44.16	11.93	11.1	3	0	0	0	0	0
2019-07-02	56	1	199	1.79	22.09	5.97	11.1	3	0	0	0	0	0
2019-07-01	65	0	0	0	0	0			1	177.28	23.06	5.32	0
2019-06-30	10	2	365.78	20	47.55	7.32	13	2	1	188.91	24.58	5.67	0
2019-06-29	28	0	0	0	0	0			0	0	0	0	0
2019-06-28	26	0	0	0	0	0			0	0	0	0	0
2019-06-27	233	1	177.28	0.43	23.06	5.32	13.01	3	0	0	0	0	1
2019-06-26	53	2	358	3.77	46.58	10.74	13.01	3	0	0	0	0	2
2019-06-25	35	2	358	5.71	46.58	10.74	13.01	3	0	0	0	0	2
2019-06-24	23	0	0	0	0	0			1	190	24.7	3.8	0
2019-06-23	20	1	161.1	5	20.96	4.83	13.01	3	0	0	0	0	1
2019-06-22	17	0	0	0	0	0			0	0	0	0	0
2019-06-21	21	0	0	0	0	0			0	0	0	0	0
2019-06-20	8	0	0	0	0	0			0	0	0	0	0
2019-06-19	12	1	188.91	8.33	24.58	5.67	13.01	3	1	175.52	22.84	5.27	0
2019-06-18	21	3	549.65	14.29	71.51	16.49	13.01	3	0	0	0	0	0
2019-06-17	16	0	0	0	0	0			0	0	0	0	0

5.4.2　淘宝客自选计划玩法

　　淘宝客自选计划是店铺中设置为公开自动审核的计划，商家只要开通了淘宝客并设置了佣金，淘宝客就能进行推广。该计划是为商家管理淘宝客而量身定制的新计划。除能获得淘宝客推广店铺效果数据、淘宝客推广能力评估数据外，商家还可根据各个淘宝客的推广情况选择同淘宝客建立具体的推广关系，比如商家可以为某个淘宝客开设人工审核的定向计划。

淘宝客自选计划有 3 大优势。

（1）能够拉近商家与淘宝客的关系。商家的淘宝客推广后台将根据淘宝客昵称（或PID）展现该淘宝客近期推广店铺的效果数据，供商家参考，让商家更了解为自己店铺推广的淘宝客。

（2）商家能够明确淘宝客推广能力。后台提供推广过该计划的淘宝客的推广能力指标参考，如近 90 天引流能力、推广能力、推广单价等，商家可以根据淘宝客能力评价淘宝客推广实力，以之作为是否进行长期合作的参考依据。

（3）商家能够自主管理与淘宝客的合作关系。商家可以自主选择同淘宝客的合作关系，针对推广效果好的淘宝客可单独为其建立人工审核定向计划、提供专属佣金率，从而同淘宝客保持更稳定的定向合作关系。针对效果未达到期望值的淘宝客，商家也可暂停自选计划下该淘宝客的推广活动 30 天。

淘宝客自选计划的操作流程如下。

（1）在"淘宝联盟·商家中心"页面点击"未开启"按钮，让状态变成"已开启"状态，如图 5-97 所示。

图 5-97　开启淘宝客自选计划

（2）优先设置类目佣金比例，在设置后的第 2 天生效。按照路径"选择商品→设置佣金比例→开启计划"设置主推单品，佣金比例在设置后的第 2 天生效。店铺主推商品的数量最多可以设置 30 款，佣金比例范围是 5% ~ 90%，可以把店铺销量较高的商品设置为主推商品，设置佣金并进行推广，如图 5-98 所示。

图 5-98　淘宝客自选计划选品设置

（3）在为商品设置佣金之后，可以进行商品数据分析，以了解商品佣金设置之后的效果。例如当佣金设置得比较低的时候，报表反馈效果可能不太好，这个时候需要上调商品佣金率，从而改善自选计划商品推广的效果。自选计划数据反馈的例子如图 5-99 所示。

（4）可以根据推广效果报表，查看参与推广该计划的淘宝客（即图上的"参与推广者"，为近 30 天里曾参与推广店铺并带来效果数据的淘宝客），可以进行淘宝客管理，如图 5-100 所示。

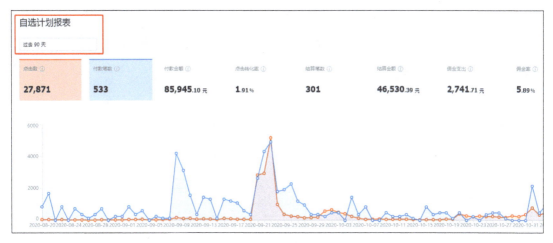

图 5-99　淘宝客自选计划数据报表例子

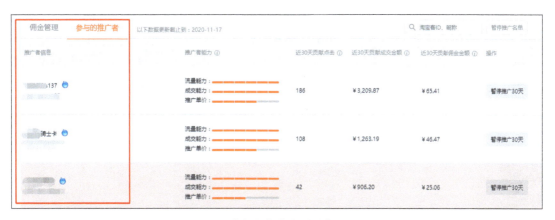

图 5-100　淘宝客自选计划的淘宝客管理

（5）通过路径"自选营销计划报表→店铺推广报表下载"，下载淘宝客推广报表并进行数据分析，如表 5-15 所示，根据点击数、付款金额、点击转化率，找到推广效果好的淘宝客，可以根据推广者昵称，添加好友，进行长期合作。

表 5-15　淘宝客推广报表

推广者ID	推广者昵称	点击数	付款笔数	付款金额(元)	确认收货笔数	确认收货金额(元)	佣金支出(元)	点击转化率(%)	佣金率(%)
26632601	tb_lm0███████taobao.com	179	0	0	0	0	0	0	0
125050874	菜鸟驿站8	107	0	0	0	0	0	0	0
26632323	zB2Gv05M4s	102	0	0	0	0	0	0	0
32293866	iriswei66	55	1	246.05	0	0	0	1.82	0
118724627	好旋旋1012	52	1	197.1	1	197.1	9.86	1.92	5
26632655	tb_lm████████taobao.com	46	0	0	0	0	0	0	0
14507426	taobaoss137	40	2	538	0	0	0	5	0
26632708	t██████████obao.com	40	0	0	0	0	0	0	0
26632636	tb_j████████bao.com	40	0	0	0	0	0	0	0
112595285	tf8yfk	40	0	0	0	0	0	0	0
124336749	glzh754428	37	0	0	0	0	0	0	0
123270724	mondgou	29	0	0	0	0	0	0	0
114743487	beijingyundongjiutian	27	1	189	0	0	0	3.7	0
26632258	tb_lm██████████bao.com	26	0	0	0	0	0	0	0
26632363	tb_lm██████████bao.com	22	0	0	0	0	0	0	0
41308847	zhaofeifeng68	20	0	0	0	0	0	0	0

5.4.3　淘宝客如意投计划玩法

如意投计划是系统根据店铺的如意投设置将店铺商品展现给站外买家的推广服务，如图 5-101 所示。对比传统淘宝客，如意投计划有以下几个特点：系统智能、精准投放、流量可控、渠道精准。如意投计划可以为店铺省去找淘宝客和管理淘宝客的烦琐过程。

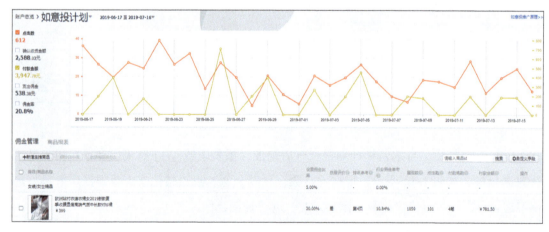

图 5-101　如意投计划展示

系统会对参加如意投的宝贝进行打分，根据综合得分进行排名，然后以各种形式将宝贝展示给淘宝客。如意投计划的流程图如图 5-102 所示。

图 5-102　如意投计划的流程图

宝贝展现排名规则与扣费规则的计算公式如图 5-103 所示。

图 5-103　宝贝展现排名规则与扣费规则的计算公式

宝贝的综合得分等于宝贝综合质量分与佣金比例的乘积。

影响宝贝综合质量分的因素包括：推广宝贝与买家搜索或浏览的相关性、买家的点击购买反馈（如点击率、点击转化率、宝贝质量等）、店铺综合实力（如好评数等）。

可以根据店铺销量排序，选择主推商品，也可以根据商品名称进行搜索并选择商品，然后设置如意投商品佣金，如图 5-104 所示。

如意投佣金比例应大于 1.5%，不同类目的佣金比例设置范围不同，需要根据店铺的类目进行设置，如图 5-105 所示。在设置佣金并进行推广后，可以根据推广效果，参考行业佣金，调整佣金比例，优化商品推广效果。

如意投计划的推广优化方式：可以根据商品推广报表（如图 5-106 所示），了解店铺商品在如意投的推广效果，必要时调整如意投计划的商品或佣金，提升店铺如意投计划的推广效果。

图 5-104　设置如意投商品佣金

图 5-105　如意投商品佣金管理

图 5-106　如意投最近 30 天商品推广报表

5.4.4　淘宝客活动计划玩法

淘宝客活动计划的核心玩法有团长招商活动、一淘活动两种，可以根据店铺商品的推广需求，选择活动并报名，能够提升店铺商品的淘宝客流量。

1. 团长招商活动

团长招商活动由具备招商能力的淘宝客（简称招商团长）发起，商家可以选择感兴趣的活动并报名。招商团长可以帮助商家制定优质推广策略以提升推广效果，如图 5-107 所示。

团长招商活动报名界面如图 5-108 所示。可以根据活动的类型、营销场景、招商类目进行活动筛选，再根据本次活动的预估单品平均成交金额、招商团长的历史推广数据、商家参考，来选择合适的活动并报名。

图 5-107　团长招商活动界面

图 5-108　团长招商活动报名

　　在确定报名团长招商活动后，活动会显示推广时间、每笔预估支出的佣金，如图 5-109 所示。在通过审核后，不能在推广时间内暂停/退出活动、修改佣金比例，因此商家在报名活动之前，需要对佣金、推广时间进行核算并确定，然后再报名。

图 5-109　团长招商活动的时间和佣金

2．一淘活动

一淘网是阿里巴巴旗下官方的营销平台，一淘网的销量计入淘宝、天猫搜索权重。

一淘活动目前有 2 种活动形式，分别是品牌特卖和限时闪购，如图 5-110 所示。

图 5-110　一淘网站活动形式

（1）品牌特卖

品牌特卖是由单店铺（也可以是同一品牌的多店铺）开展的可报名多款商品的活动。

店铺可以根据类目报名活动，需要了解活动报名时间、活动起止时间、活动要求，如图 5-111 所示。

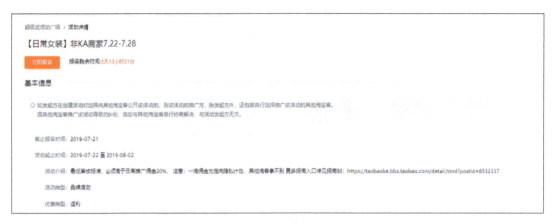

图 5-111　活动报名后台

　　在报名后，商家需要根据活动要求设置商品信息（比如填写佣金比例、添加创意图等），如图 5-112 所示。

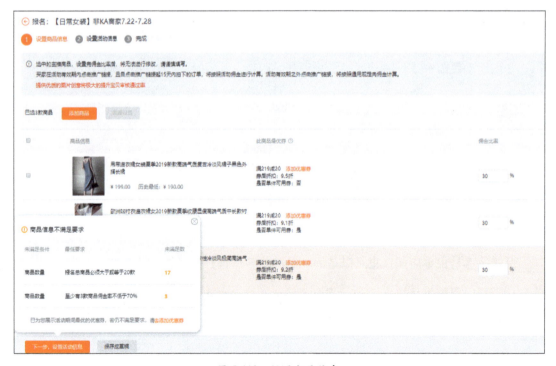

图 5-112　设置商品信息

接着根据活动要求填写活动信息，如图 5-113 所示。

图 5-113　设置活动信息

品牌特卖的报名要求：商家报名商品的数量不得低于 20 款，其中 3 款商品的佣金必须超过 70%。因此在报名的时候，商家需要进行佣金盘点。商品佣金如果超过 70%，相当于商家赔钱卖，所以报名品牌特卖活动，其核心目的一定是促进新品成交或清理库存。可以使用佣金盘点表，如表 5-16 所示，进行报名活动的盘点，然后再报名。

在活动上线后，商家可以了解活动数据，如图 5-114 所示，根据点击数、付款笔数、付款金额等数据，进行数据复盘，了解活动效果。

表 5-16　店铺商品佣金盘点表（示例）

内衣爆款打榜7.23-7.31					
ID	图片	促销价	佣金	建议券	到手价（不含券）
		28元	20%	满100元-15元/满200元-30元	22.4元
		39元	20%	满100元-15元/满200元-30元	31.2元
		35元	20%	满100元-15元/满200元-30元	28元

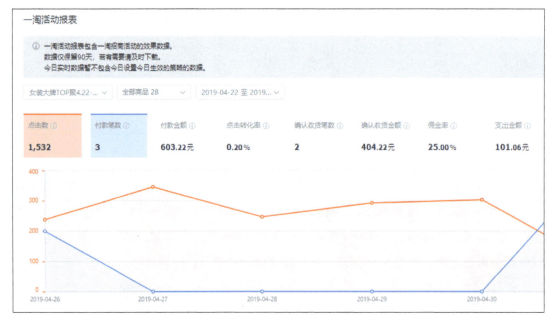

图 5-114　一淘活动报表

（2）限时闪购

限时闪购是在单品维度上分时段展示、打造秒杀抢购氛围的活动。

限时闪购的报名要求：商家的店铺类型可以是淘宝店，也可以是天猫店；店铺等级为 3 钻或以上；店铺动态评分为 4.60 分以上；商品销量大于 0 个；至少 1 款商品的佣金比例不低于 70%；商品货值（即"商品件数 × 客单价"）不低于 10000 元；报名商品数量为 1～3 款。如图 5-115 所示。

图 5-115　后台报名截图

商品在上线一淘活动之后，商家可以了解商品的活动数据，如图 5-116 所示，根据点击数、付款笔数、付款金额，进行数据复盘，了解商品活动的推广效果。

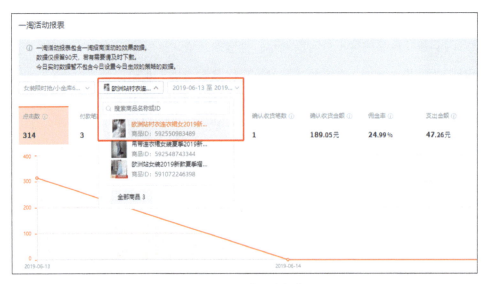

图 5-116　一淘活动报表

5.4.5　总结

淘宝客工具引流玩法，通常通过淘宝客活动，设置佣金，推广商品，从而提升新品销量或实现消化库存。商家可以根据活动效果和淘客效果，进行长期稳定的淘宝客合作，增加店铺的流量渠道和销售渠道，帮助店铺实现销售额的增长。

5.5　营销活动引流玩法

营销活动引流玩法的关键在于店铺活动策划，即为某一次活动设置活动的书面说明、具体行动实施办法细则／步骤等。商家需要对即将进行的活动制订书面计划，对每个步骤进行详细分析和研究，以确保活动顺利实施，最终达到活动目的。

5.5.1　营销活动的盘点

商家需要按年对店铺的营销活动进行盘点，并制作活动列表，如表 5-17 所示，这是某类目 2018 年全年营销活动计划列表。通过该表可以看出该类目几乎每个月都会有 1 次或更多次官方主题活动，商家可以结合活动时间进行新品上新布局，抓住活动带来的爆发增长机会，根据活动设置店铺的销售节奏，从而有效地提升店铺的整体销售额。

表 5-17 某类目 2018 年全年活动计划列表

日期	大事件	活动时间	
		预热期	活动期
1 月	年货节、新年上新（重要等级 A+）	1 月 05 日 00:00:00 ~ 1 月 07 日 23:59:59	1 月 08 日 00:00:00 ~ 1 月 11 日 23:59:59
3 月	女王节	3 月 04 日 00:00:00 ~ 3 月 05 日 23:59:59	3 月 06 日 00:00:00 ~ 3 月 08 日 23:59:59
	春夏新风尚	3 月 19 日 00:00:00 ~ 3 月 20 日 23:59:59	3 月 21 日 00:00:00 ~ 3 月 23 日 23:59:59
5 月	母亲节	活动开始前 3 天	5 月份第 2 个周日
6 月	年中大促	6 月 13 日 00:00:00 ~ 6 月 17 日 23:59:59	6 月 18 日 00:00:00 ~ 6 月 21 日 23:59:59
7 月	盛夏清仓	7 月 21 日 00:00:00 ~ 7 月 22 日 23:59:59	7 月 23 日 00:00:00 ~ 7 月 24 日 23:59:59
8 月	秋冬焕新、新势力周	8 月 23 日 00:00:00 ~ 8 月 25 日 23:59:59	8 月 26 日 00:00:00 ~ 8 月 28 日 23:59:59
9 月	开学季（重要等级 A）	8 月底 ~ 9 月初	根据具体情况安排时间
	造物节（重要等级 S）	9 月 10 日 00:00:00 ~ 9 月 13 日 18:59:59	9 月 13 日 19:00:00 ~ 9 月 16 日 23:59:59
	秋季热卖	9 月 25 日 00:00:00 ~ 9 月 25 日 23:59:59	9 月 26 日 00:00:00 ~ 9 月 28 日 23:59:59
10 月	冬季上新	10 月 11 日 00:00:00 ~ 10 月 11 日 23:59:59	10 月 12 日 00:00:00 ~ 10 月 13 日 23:59:59
11 月	双 11（重要等级 S）	11 月 01 日 00:00:00 ~ 11 月 10 日 23:59:59	11 月 11 日 00:00:00 ~ 11 月 11 日 23:59:59
12 月	双 12（重要等级 S）	12 月 03 日 00:00:00 ~ 12 月 11 日 23:59:59	12 月 12 日 00:00:00 ~ 12 月 12 日 23:59:59
	双"旦"礼遇（重要等级 A+）	12 月 26 日 00:00:00 ~ 12 月 28 日 23:59:59	根据具体情况安排时间
	天猫"血拼"季（重要等级 A）	12 月 28 日 00:00:00 ~ 12 月 29 日 23:59:59	根据具体情况安排时间

5.5.2 营销活动的准备期玩法

（1）根据活动信息，选择活动并报名，如图 5-117 所示。可以尽可能多地报名，获取更多的会场展现流量。在店铺区报名时，要注意了解活动的时间以及活动玩法；在填写报名事项时，要尽可能体现店铺最大的优惠信息，这样才能吸引消费者；店铺长图必须是经过测试的能够获得高点击率的图片；符合店铺风格的图片，可以获取更多会场的点击量。在报名前，需要对参加活动的商品进行盘点，了解库存数据，然后准确填写商品信息。

图 5-117　营销活动报名

（2）准备页面素材（比如活动首页、主图、详情页、关联 Banner 等），如图 5-118所示。

（3）监控活动预热效果，判断风险并准备备用方案。活动执行监控表截图，如图 5-119所示。

（4）进行准备期玩法的可行性测试。可以在活动开始前 15 天或者 30 天时进行活动的短期测试，收集数据分析，看其是否达到预期目标效果。建议在上新品时进行这种测试，有助于新品爆发，也能检测活动的可行性。

（5）唤醒会员。想办法唤醒客户运营平台上的老客，比如通过 CRM 短信发送消息。

（6）关注竞品。要了解竞品的活动玩法、上新时间、活动策略、推广策略、页面展示，统计其预售数据。

图 5-118　活动页面素材

活动当天	活动执行期	检查商品库存，及时增加库存		*	6.16-6.18	
		活动数据统计		*	6.16-6.18	活动期间统计活动需求数据：推广、新品、页面、活动
		活动维护及突发事件		*	6.16-6.18	活动异常事项及时处理
		活动跟进传播		*	6.16-6.18	站内站外宣传
	应急方案小组	项目进展把控、活动资源协调、营销紧急事件处理等		*	6.16-6.18	确定活动顺利进行，特殊处理紧急营销事件，确保活动完美结束
		即时报道活动当天战况（店铺）		*	6.16-6.18	每隔一个小时在店铺滚动栏报道战绩，制造气氛
活动后	推广	直通车				直通车创意图更换
		钻展				钻展PPC和ROI对比
	日常	数据化选款	新品预售/正式数据			达到爆款数据模型，可重拍图片
		新品-主推款	买家秀			根据活动当天数据化选款核心指标
			详情页优化			根据爆款模型进行优化
			增加推广			
			调整页面位置			
活动当天紧急计划	应急方案	店铺访客减少或没有增加UV		***		会场流量受会场位置（展现量）、会场入口图和文案影响
	活动当天可能出现的情况和应急方案	一、没有流量		*		加大推广力度
		二、有流量，转化率却很低		*		流量精准化，评情页面以及主图优化
		三、主推产品销量很好，关联产品销量却不理想		*		关联相关性差，及时更换关联产品，页面调整
		四、主推产品销量超出预期，卖超了		*		设置预售发售时间；引流到相似产品上
总结	活动总结	活动总结				活动后做活动总结

图 5-119　活动执行监控表截图

（7）进行"种草"布局。在活动前期考虑多投放广告，广泛拉新，在活动预热期进行老客召回。在活动开始后，进行针对性转化。营销节奏的案例如图 5-120 所示。

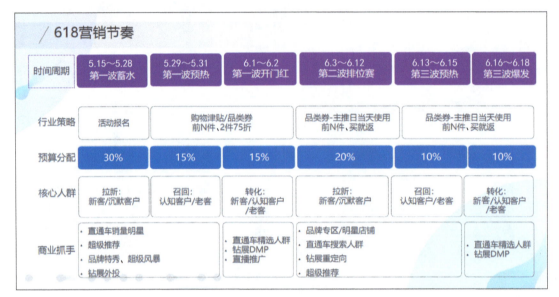

图 5-120　营销节奏案例

5.5.3　营销活动的预热期玩法

营销活动预热期玩法的步骤如下。

（1）在预热期，需要检查页面装修后的链接是否正确，检查营销活动信息、时间、商品标题、商品价格、详情页等是否正确，检查客服话术并设置完整度，检查内容自运营渠道（如微淘、群聊、微信、微博等）。

（2）关注预热期商品的加购收藏数据，及时调整商品的页面位置，将预热效果好的商品调整到更优质的位置上，关联主推款和新品，及时替换预热效果差的商品。

（3）重视预热期会场排名。预热期会场排名主要根据商品的加购金额，加购金额越高，商品的会场"海景房"的位置越靠前。可以收集会场中排名靠前商家的活动图和店铺利益点，还可以进入店铺收集其玩法、页面展示、新品等数据。会场展示品牌文案海报图如图 5-121 所示。

图 5-121　会场展示品牌文案及海报图

商家需要监控店内商品的加购、预售数据的变化，及时设计备选活动玩法，必要时调整店铺商品活动方案，如图 5-122 所示。

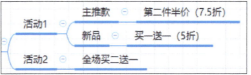

图 5-122　店铺活动方案

5.5.4　营销活动的爆发期玩法

营销活动的爆发期玩法步骤如下。

（1）检查活动玩法的设置是否正常、玩法是否生效。检查主图上的利益点和时间是否清晰、水印是否挡住图片信息。检查活动入口与二级页面关联是否正确。检查商品活动价格与主图的展示是否一致。

（2）检查页面主推商品库存是否充足，通过路径"生意参谋→品类罗盘→商品 360 →选择主推款→库存"，检查主推款 SKU 销售情况，如图 5-123 所示。

SKU 信息	加购件数	支付金额	支付件数	支付买家数	操作
颜色分类:黑色	3,570	116,550.64	786	767	趋势∨
颜色分类:绿色	1,501	37,159.94	254	249	趋势∨

图 5-123　检查 SKU 销售情况

（3）根据主推商品和卖点的变化，及时更新页面陈列方式。活动前一小时的卖点展示，活动最后一小时的卖点展示应该是不一样的，要及时更换。

（4）实时开启订单的催付提醒，如图 5-124 所示，实时催付，可以提高支付转化率。

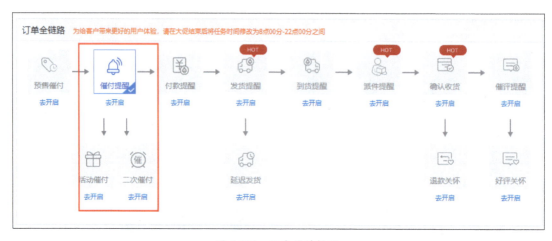

图 5-124　开启催付提醒

（5）实时监控数据，保留大促前 10 分钟、30 分钟、1 小时的销售业绩实时情况的截图。关注主推款爆发情况、预定目标完成度、新品数据完成度，以及竞店完成度。在活动结束后，可以统计本店数据与行业数据、竞品数据进行对比，如表 5-18 所示。

表 5-18 数据对比表格（示例）

	分类	支付金额	流量	转化率	加购	流量结构	玩法	营销动作监控	……
XX 店铺	活动期间								
	去年同期								
	同比								
行业数据	行业平均								
	对比								
	行业优秀								
	对比								
竞品数据	竞品 A								
	对比								
	竞品 B								
	对比								

（6）增加"限时""抢购""库存告急""紧急补货"等突出紧迫性的标签，在页面上增加活动倒计时提示和"售罄"标签，还可以增加具体的倒计时展示，可以带动活动气氛，刺激消费，如图 5-125、图 5-126 所示。

（7）召回未购买客户。召回方式分为 3 种形式，如下。

第 1 种，在活动期间，对于加购率很高但支付转化率较低的某款商品，可以做单品的优惠券促销，可通过路径"大促时期商品券→官方渠道推广→购物车限时营销"，选择对应商品，如图 5-127 所示。加购商品的客户会看到购物车优惠券的提示。在大促时期，购物车营销价格不计入历史最低价。

图 5-125　限时标签和售罄标签

图 5-126　倒计时展示

图 5-127　营销工具设置

第 2 种，在客户运营平台中使用手淘消息定向推送优惠券。可以选择"优惠券关怀"项目，选择精准人群。此处的"购物车营销"项目相当于直接打折，最终价格会被计入历史最低价，笔者不建议商家使用，如图 5-128 所示。

图 5-128　优惠券关怀和购物车营销

第 3 种，针对加购但未购买的人群使用 CRM 短信召回，推送大额优惠券或者赠送礼品促销信息。

5.5.5　营销活动的余热期玩法

如果大促期间的营销活动效果还不错，就可以进行后续的返场活动，更换页面展示信息。可以将大促期间的热销款商品选出来在首页前三屏展示，做返场活动，活动力度可以与大促期间一致，此外还需要进行页面修改，更换主图水印和店铺活动页信息，如图 5-129 所示。

（1）优化发货服务，在规定的时间内准确、高效地发货，提高效率，减少因为发货时间过长而引起的退货情况。做好对应的售后工作，完善客服话术。

（2）通过营销活动让新增的会员沉淀下来。方法有如下 3 种。

第 1 种方法，建立店铺的会员制度，加入会员互动玩法，如图 5-130 所示，可以增强店铺的粉丝黏性，提高店铺老客户的支付占比。

图 5-129 左图为大促期间商品主图，右图为返场活动商品主图

图 5-130 会员互动玩法

第 2 种方法，建立店铺的粉丝群。粉丝群是粉丝的集中地，要设法提高粉丝在群中互动的积极性，并时常开展趣味福利活动，如图 5-131 所示。

第 3 种方式，通过微淘互动玩法，提高新粉丝黏性，如图 5-132 所示。

图 5-131　在粉丝群中开展趣味福利活动　　　　　图 5-132　微淘互动玩法

（3）沉淀活动数据，制作新品选款表如表 5-19 所示，针对新品进行数据化选款，挑选数据优秀的商品来优化橱窗位的展示，并付费推广。

表 5-19　新品选款表

时间	商品ID	商品标题	在线状态	https://ite m.taobao.	浏览量	访客数	支付转化率	支付金额（元）	支付件数	加购件数	访客平均价值（元）	收藏人数	客单价	支付买家数	收藏率	加购率	收藏加购率	类目
7月25日	599465487368	反越棒球帽街头	正式	ag.121004	121	194	1.55%	82.13	3	9	0.42	2	27.38	3	1.03%	4.64%	5.67%	帽子
7月26日	599465487368	反越棒球帽街头	正式	ag.121004	164	239	0.84%	53.81	2	11	0.23	2	26.91	2	0.84%	4.60%	5.44%	帽子
7月27日	599465487368	反越棒球帽街头	正式	ag.121004	221	288	1.39%	110.36	4	13	0.38	3	27.59	4	1.04%	4.51%	5.56%	帽子
7月25日	599340551896	欧迪遮阳防晒韩	正式	ag.121004	227	363	0.83%	88.8	3	15	0.24	5	29.60	3	1.38%	4.13%	5.51%	帽子
7月26日	599340551896	欧迪遮阳防晒韩	正式	ag.121004	221	317	0.95%	89.62	3	22	0.28	6	29.87	3	1.89%	6.94%	8.83%	帽子
7月27日	599340551896	欧迪遮阳防晒韩	正式	ag.121004	284	467	1.07%	177.46	5	31	0.38	1	35.49	5	0.21%	6.64%	6.85%	帽子

（4）进行活动效果的复盘分析。分析活动整体流程，对比活动的整体完成情况，总结活动出现的问题，示例如表 5-20 所示。

表 5-20　复盘分析表格（示例）

分析项	分析点	结论
目标达成情况	完成率、同期对比	
流量	对标竞品竞店，进行流量结构拆解	
货品	活动爆发系数、活动销售额	
玩法	对比不同玩法所带来的销售额情况	
内容投放效果	不同渠道的曝光、销售、效果	
用户服务	用户反馈、体验优化	

5.5.6　店铺活动策划的注意事项

（1）务必熟悉活动规则。如果店铺不了解活动规则，很可能会导致报名不成功。

（2）要合理制定目标。需要制定精准的活动目标，避免商品超卖或者库存积压。

（3）确保活动策划的可执行性。活动玩法不能太复杂，页面展现务必清晰，否则会令消费者无法理解活动玩法。

（4）确保执行力度。在活动过程中，避免各个部门配合不到位导致客户投诉。

（5）维护好新客户。如果不好好维护活动带来的新客户，将导致客户资源流失。

第 6 章

网店内容推广方法

网店内容推广是店铺粉丝沉淀、粉丝互动的核心方法，主要工具是手淘微淘、手淘直播、手淘达人推广。做好这 3 块，将为店铺带来内容流量。

6.1 手淘微淘玩法

6.1.1 微淘商家层级说明

为了更好帮助商家做好私域运营，平台通过微淘号商家指数对商家账号价值进行识别和判断，以划分商家等级（L0 ～ L6），商家可以在阿里·创作平台上了解店铺微淘核心数据概况和店铺微淘等级，如图 6-1 所示。

图 6-1　阿里·创作平台

6.1.2 微淘内容发布

商家根据店铺状态或者商品状态，可以选择微淘内容的方向，如图 6-2 所示，围绕商品种草和粉丝运营来发布店铺微淘。

图 6-2　选择微淘内容的方向

（1）店铺上新内容发布。店铺通过微淘可以分享店铺新品，介绍新品卖点、风格、潮流趋势，提升新品转化，如图 6-3 所示。

（2）店铺好货种草内容发布。店铺通过微淘分享实拍的商品和场景图片，真实描述商品的特色以及使用感受，帮助粉丝"种草"，如图 6-4 所示。

图 6-3　店铺上新内容发布

图 6-4　店铺好货种草内容发布

（3）店铺洋淘秀内容发布。店铺通过微淘发布优质买家的精选带图评价，帮助实现商品转化，拉近与粉丝的联系。对于优质的买家秀，店铺可以进行加精处理，并且将之转发到微淘中，如图 6-5 所示。

图 6-5　对买家秀的加精和发布

（4）店铺主题清单内容发布。店铺通过微淘可以发布同类主题的宝贝集合，重点突出同一类型货品特色，帮助提升关联货品推荐效率。店铺可以将同一类型的商品（比如印花 T 恤）做成主题清单发布，如图 6-6 所示。

图 6-6　同一类型商品的主题清单

（5）店铺粉丝福利内容发布。店铺可以通过微淘发布粉丝专属折扣作为粉丝福利，提升粉丝转化率，如图 6-7 所示。

（6）店铺图文教程内容发布。店铺可以通过微淘创作和发布深度评测类长文，这种长文的自由度高，能够灵活编辑，通过长文可以更加细致地介绍商品的品牌、属性、使用说明、专利介绍等，帮助客户更加清晰了解商品的功能和场景，更好地促进成交，如图 6-8 所示。

图 6-7　店铺粉丝福利内容发布

图 6-8　店铺图文教程内容发布

（7）店铺短视频内容发布。店铺通过微淘可以分享趣味好玩的视频内容，更容易获得客户关注。发布的短视频可以体现店铺品牌、商品、服务体验等元素，提升客户信赖度，如图 6-9 所示。

图 6-9　店铺短视频内容发布

（8）店铺动态内容发布。店铺通过微淘可以分享店铺日常事件、活动信息，和粉丝进行深度交流，还可以转发和传播其他优质创作者的原创内容。

店铺微淘发布内容，应围绕商品上新、粉丝互动开展，帮助商家更好地使用微淘内容，尽量多地触达消费者，提升店铺的粉丝黏性，提升店铺销售额。

6.1.3　微淘目标人群选择

选择合适的微淘目标人群进行推广，能够让内容获得更多推广机会，让优质内容有机会在前台导购场景中展示，获得精准的推广流量。

选择了目标人群的内容，平台会精准推荐给相关的目标人群，这是商品推荐的一种补充。目标人群选择器如图 6-10 所示。

我们可以根据年龄段、性别、兴趣爱好、购物偏好等明显特征来区分人群。

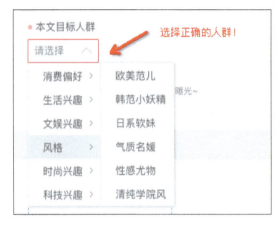

图 6-10　目标人群选择器

　　举一个例子。我们可以把年龄在 18 ～ 35 岁之间、收入较高、追求美丽、注重商品品质／品牌、喜欢消费奢侈品（比如轻奢品牌、国际品牌，以及一些独立设计师品牌）的女性，定义为"白富美"。如果店铺发布的内容是针对她们的，请选择"白富美"这个人群。

6.1.4　微淘内容管理

　　通过微淘后台可以针对发布的微淘内容进行管理，对微淘内容进行置顶、编辑、删除、分析和推广等操作，如图 6-11 所示。

　　微淘支持修改（编辑）一部分已经发布过的内容。如果相关内容不能修改，则后台"编辑"按钮显示为灰色。商家可将鼠标放置在"编辑"按钮上查看不可修改的原因。

　　以下类型的内容不支持编辑。

　　（1）招投稿审核通过的内容。

　　（2）已经被公域渠道采纳的内容。

　　（3）招投稿超出编辑次数的内容。

　　（4）发布超过 180 天的内容。

　　（5）问答内容。

　　点击"分析"按钮，可以查看买家秀数据。

内容质量与粉丝效果好的微淘，可能会被频道采纳，在频道前台展示，这时该微淘内容只能被撤回而不能被删除；如果该微淘内容没有被频道采纳，则其能够被删除，实施删除操作后，其将会在全网范围内被删除。

图 6-11　微淘内容管理

6.2　手淘直播玩法

6.2.1　手淘直播介绍

传统电商的模式依赖 SEO 或者购买付费流量来引流进店，而随着 4G 和 5G 的普及，网店流量的来源发生了深刻变化。

如今，移动网络直播已经变得越来越普遍，人人皆可成为主播。

淘宝达人通过短视频或者直播创造属于自己的内容，再通过内容去获取粉丝的关注从而建立与粉丝之间的黏性和信任，最后通过商品介绍或试用形成直观的导购模式让粉丝下单购买，完成交易。

在现有电商直播领域中，主流的渠道有淘宝直播、快手直播、抖音直播等。各平台直播截图，如图 6-12 所示。

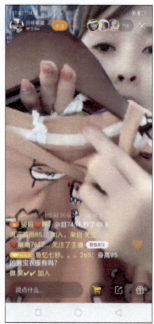

图 6-12　平台直播

5G 时代的到来会让网络更快速、更流畅，直播的形式也会越来越多样化，电商直播平台也会越来越丰富多样。

6.2.2　手淘直播间搭建流程

直播是在围绕着人、货、场 3 个方面去搭建起来的渠道。

1. 人

达人：在一个能做营销能做销售的直播间里，达人是第一要素。商家需要培养自己的达人或者与直播机构、工会合作寻找适合自己商品定位的主播。

场控：直播的形式就相当于门店、卖场，直播间的氛围很重要，场控就是控制和调节整场直播的氛围和节奏的角色，好的场控可以把整场直播的销售额拉高。对于场控的基本要求是：懂商品、性格开朗、会活跃气氛。

后台跟播：操作中控台和店铺后台的人员，负责把店铺链接更新到直播间，同时负责商品上下架与更新库存、折扣，与主播形成默契配合。

直播运营：在实时直播中分析主播号的数据，包括流量来源、在线人数、在线时长、渠道流量的配比和付费推广、官方活动报名等。

2. 货

基于每个电商平台的粉丝定位与产出内容不同，商家需要做好自己的货品定位，要判断自身商品是否与将来要合作的主播或者平台相匹配。例如：淘宝直播的流量与粉丝本来就是基于传统电商平台而延伸出来的，淘宝直播的粉丝来看直播的目的很明确——就是为了来买东西而看直播；抖音直播的内容和短视频是基于泛娱乐性质的，在线观看量很多，但粉丝的需求是娱乐，所以带货能力较弱。

淘宝直播的最大频道和品类是服饰穿搭，其次是美妆、母婴、珠宝、食品等，在选择做直播的同时要做好行业内直播商家商品的分析，然后再看自己的商品是否适合在直播渠道售卖。

3. 场

在电商直播里我们把场定位成直播间。直播间的人员配备、场控人员、灯光调试、背景搭建和设备调试都是很重要的组成部分。直播间布置就像我们线下专柜的陈列、搭配、灯光、橱窗展示，主播就像我们的线下导购员。在电商直播没兴起之前，大部分商家还是用手机做直播，现在买家对画面的清晰度还有声音的延迟性有比较高的要求，这也是直播体验是否合格的基本要求，所以商家需要采用高清摄像头来做直播，并且配备收音话筒、补光灯、美颜灯等设备。

6.2.3 手淘直播流量玩法

基于直播平台的性质不同，卖家在直播间的引流方式也不尽相同。

淘宝直播渠道是基于自身电商平台而拓展出来的渠道，因此这种渠道的引流方式与传统电商的引流方式是相似的，使用的引流工具也是基本相似的。淘宝直播最常用的引流工具为钻展、超级推荐。

在钻展工具中投放直播间广告。首先圈定本场直播需要播的商品的标签和类目，然后设定人群和出价，最后上传直播封面或者创意图。这样，在开始直播时就可以通过钻展工具为直播间拉新引流。

除了付费的引流工具，直播间的排名和表现也会影响直播间的流量，所以在直播时需要做好直播间内的互动气氛，获得的数据（如点赞数、关注率、下单量、评论互动数、保持在线人数和停留时长）越好，越能提高直播间的权重。

抖音、快手等应用的直播间属于泛娱乐性质，做这类型的直播，就要获得更好的直播间排名，需要依靠粉丝不断地帮达人冲榜，从而获得小时榜、地区榜、全国榜的较好排名。平台会根据实时榜单来更新直播间的排名顺序。

6.2.4 手淘直播间数据分析

在直播中我们最需要关注的数据有：涨粉数、观看时长、推荐流量、封面点击率等。

1. 涨粉数

即一场直播下来新增多少粉丝。内容好不好、商品好不好通过涨粉数就可以判断出来。在直播过程中，如果在线人数达到一定程度，主播和运营人员就应该尽力引导新进直播间的人关注主播，从而达到涨粉的效果。

2. 观看时长

在引流进直播间的同时，如果观众观看时长不足，就说明流量一进直播间就跳失，那么引流成本就会大大增高。直播间观众观看时长越长，主播与观众之间的互动就会越好，越容易产生信任，也就越容易转化。

3. 推荐流量

平台推荐的免费流量数量也是直播运营人员需要关注的数据指标。如果推荐流量太少，就需要复盘整场直播，分析哪些方面没做到位，或者直播封面的点击率是否变低。

4. 封面点击率

直播封面的点击率就像是传统电商运营中的主图点击率，封面点击率决定了运营人员在做推广时，直播间能拿到多大的流量和直播间拿流量的成本。官方推荐的免费流量也是如此，直播间排名只决定展现量的多少，而封面点击率才是决定流量多少的关键。

需要注意，在每次主播开播之前或者店铺开播之前，必须提前 1 天或者 2 天发一下直播预告，这样粉丝才能准确知道开播时间，从而保证直播一开播就有流量和粉丝进入直播间。预告可以配一个趣味性的或者带有一些营销利益点的标题，吸引粉丝关注，激起粉丝的好奇心，达到一开播粉丝就能涌入的效果。

6.2.5　店铺新主播孵化

如何培养一名优秀主播？需要看以下 3 点。

1．看专业

"专业"指主播自身所擅长的领域。穿搭、美妆、美食、珠宝等大类目相对于小类目更难做起来。买家是否愿意在直播间下单购买往往在于主播是否"会"讲，而"会"讲的前提就是主播必须对所选商品足够熟悉，必须把握好商品的品质。如果主播没有擅长的领域，可以通过学习和提前写好的脚本来预先了解商品。

2．看定位

"定位"即主播在直播间的人设。几乎每个主播都有人设，比如邻家小妹、女性老公等，要想让观众记住，主播往往不能依靠脸，而要依靠人设。有特点的人设能让粉丝快速记住并关注。

3．看试播

新主播刚开始做直播的时候，流量肯定很少，这个情况是不可避免的。试播其实最看重主播的心态、镜头感、自我调节的能力以及应变能力。

第 1 周如果流量比较少，平台会重点考核粉丝的停留时长和转化率这两个指标，如果第 1 周就能把这两个数据指标做好，那么第 2 周的流量就会有所上升。

因此一定要制作一份优质的新主播直播脚本，规划主播第 1 天该做什么、第 2 天该做什么以及第 3 天的直播间内容安排。有时候，前 3 天甚至都不需要上商品，就是纯粹强化主播的人设，让粉丝通过认识主播来提高直播间的粉丝转化率和停留时长。

第 4 天开始，就可以展示少量商品，确保直播间的商品数量、直播时长、带货强度处于同时递增的状态。

如果第 1 周表现良好，那么第 2 周就是承接流量的时期，此时可以正常直播，介绍商品，只要把平台的免费流量承接住，那么直播间的权重就会慢慢增加，后续的成长就会更加顺利。

第3周会是直播间数据产生较大变化的一周，该变化分为两个方向，要么变得更好，要么变得更坏。

如果数据变差了，就要做好打持久战的心理准备，通过对后续每一场的直播进行复盘总结，详细地制定直播方案和寻找更优势的商品。根据试播的数据及直播间的状态，运营人员和主播要进行复盘，发现直播当中的问题和数据差异，从而在下一场直播前快速调整。

如果数据变好了，那就标志着成功培养出了一名合格主播，接着需要优化直播间的各个细节，比如商品、灯光、语速、背景、商品介绍专业度等。

6.3　手淘达人推广玩法

商家进行手淘达人推广，一般会在阿里 V 任务平台与达人对接并洽谈合作。

阿里 V 任务是阿里巴巴集团官方的内容合作交易平台，为阿里平台上的品牌商家和优质创作者提供符合内容化营销趋势的双向合作交易平台，如图 6-13 所示。

图 6-13　阿里 V 任务平台

手淘达人推广的场景通常集中在有好货、必买清单、淘宝短视频、淘宝直播、淘宝头条、淘宝经验等渠道，如图 6-14 所示。可以根据店铺的商品数据，选择渠道，了解渠道的报价以及达人机构联系方式，并实现付费合作。

图 6-14　手淘大人推广的合作渠道

以手淘有好货内容合作活动为例。在进行合作之前，应先了解渠道的基础要求和商品要求，如图 6-15 所示。

图 6-15　手淘有好货内容合作要求

店铺在满足渠道要求之后，可以进一步筛选达人，了解达人的服务评分、任务完成效果、达人报价，进行综合分析，如图 6-16 所示，然后筛选出符合店铺需要的达人。

图 6-16　达人综合排序分析

通过达人的介绍面板，店铺可以了解达人的服务类型和服务领域，如图 6-17 所示，然后针对合作渠道与达人进行旺旺电话联系，通过价格协商，完成店铺内容渠道的推广。

图 6-17　达人介绍

第 7 章

网店推广引流案例分享

7.1　服饰店铺推广引流实战案例

7.1.1　案例背景介绍

这是一家经营女装的天猫店铺。店铺主营的商品大多都是毛呢大衣。相对来说，该店铺整体的客单价是偏高的，如图 7-1 所示。店铺的目标消费人群一般在 31 ～ 50 岁。

图 7-1　店铺数据截图

笔者总结了一下这个店铺存在的一些问题：①视觉问题（普遍存在）；②推广问题（直通车推广方面）；③货品问题；④销售额问题。

7.1.2　视觉问题

视觉与整个店铺的装修风格相关。在此之前，由于店铺商品的图片都是由供货商提供的，所以图片风格不统一，有些是平铺图，有些是模特图，看起来乱七八糟的。针对这个问题，解决的办法就是重新制作图片，所有图片都以平铺图的形式展现出来，做到视觉统一。

7.1.3 推广问题

第 2 个问题是推广问题。在此之前，店铺的直通车推广时用时不用，毫无规律可言，推广的效果也非常差，几乎是零产出的。结合以上情况，我们针对直通车推广制定了一套流程。

1. 智能计划测款

店铺需要尽快出一个爆款来带动流量和销量，所以前期需要不断测款测图，根据商品的点击率和收藏加购量来衡量这个商品是否优秀，从而进行下一步推广。

（1）计划搭建，设置参数如下。

- 营销场景（宝贝测款）

- 推广方式（智能推广）

- 出价（高于系统推荐出价 0.1 元以上）

- 关键词（无词）

- 地域（根据物流情况，尽可能全开）

- 投放平台（淘宝站内）

- 时间折扣（0:00 ~ 8:00 时间段不投放，其他时间段选择折扣 100%）

（2）计划调整。如果前期展现量太低，则需要不断加价。如果展现量太低，就无法判断数据的准确性。可以把日限额调整到预算的两倍。如果预算太低，系统会控制展现量，导致钱花不出去，无法获得展现机会。

（3）测图。删除点击率低的创意图，添加新的创意图，避免之前的创意图和创意标题影响新图的权重。点击率高的商品重点关注。对于点击率高的商品最少测 8 张图，对于点击率一般的商品最少测 4 张图。点击率高的图如果连续 3 天数据仍然不错，可以换成主图。

（4）看直通车推广报表（如表 7-1 所示）和智能推广报告，把潜力指数在 50 以上的商品拉出来做重点推广。

表 7-1 直通车推广报表

时间	状态	创意	标题	展现量	点击量	点击率	花费	平均点击花费	投入产出比	收藏宝贝数	收藏店铺数	总成交金额	总收藏数	总成交笔数	点击转化率	总购物车数	直接购物车数	间接购物车数	直接成交笔数	
10月9日	推广中		女装呢子双	107	2	1.87%	¥2.84	¥1.42	-											
10月9日	推广中		女装双面羊	123	0	0%	¥0	¥0	0	-	-	-	-		0%	-		-	-	17:59更换
10月9日	推广中		双面绒外套	115	14	12.17%	¥19.12	¥1.37	0	0	0	¥0	0	0	0%	0	1	0	0	
10月9日	推广中		呢子大衣双	123	1	0.81%	¥1.41	¥1.41	-											17:59更换
	(合计)			468	17	3.63%	¥23.37	¥1.37	0	0	0	¥0	0	0	0%	0	1	0	0	

2．全店定向推广

在直通车推广前期，店铺需要用不同的计划不断引流。不同的计划能从不同的渠道为店铺获取流量。定向计划是优质的获取流量方法，并且能够通过投放人群和展示位置的调整获得较为精准的流量。

（1）计划搭建，设置参数如下。

● 营销场景（日常销售）

● 推广方式（自定义）

● 时间折扣（0:00 ~ 8:00 时间段不投放，其他时间段选择折扣 100%）

● 地域（根据物流情况，尽可能全开）

● 投放平台（淘宝站内）

● 关键词（无词）

● 人群（关闭）

● 出价（统一设置为 0.5 元）

● 精选人群（关闭）

● 认知客户（高溢价 100%）

● 购物意图定向（低溢价 10%）

- 展示位置（"猜你喜欢"板块为30%，其他都为10%）

- 创意图（优选点击率高的创意图）

（2）计划调整。需要计算这个计划的收藏加购成本。对于平均收藏加购成本之上的商品降低出价。调整后观察两天，对无法获得流量且收藏加购数量不好的商品暂停推广。

3. 智能批量推广

智能批量推广的特点就是低价引流，能够用较低的PPC（平均点击扣费）为店铺获取较多的流量，所以店铺在推广时要适当控制计划的PPC。

（1）计划搭建，参数如下。

- 营销场景（日常销售）

- 推广方式（智能推广）

- 时间折扣（0:00 ~ 8:00时间段不投放，其他时间段选择折扣100%）

- 地域（根据物流情况，尽可能全开）

- 投放平台（淘宝站内）

- 创意图（优选点击率高的创意图）

（2）计划调整。控制计划的PPC，计算该计划的收藏加购成本，对于收藏加购成本过高的商品暂停推广。

4. 爆款数据模型

店铺要做爆款商品，就必须有相关商品的核心关键词的行业数据作参照，参照的关键词数据指标主要有：直通车展现指数、点击指数、点击率、点击转化率，如表7-2所示。当一个商品的数据能够达到这些关键词的行业数据水准，那么这个商品就可以进行放大推广了。

表 7-2 直通车关键词数据报表

关键词	展现指数	点击指数	点击率	点击转化率
墨绿色大衣女	13621	1819	12.80%	0.20%
女款大衣女中款2018新款冬装	42171	4873	11.11%	0.30%
羊绒大衣宽松	185880	14050	7.20%	0.20%
墨绿色双面呢大衣女	5498	605	10.50%	0.10%
墨绿色大衣	14779	1478	9.50%	0.10%
欧洲站羊绒大衣女欧货 双面绒	4545	383	8.00%	0.20%
黑色双面绒大衣	21728	1463	6.40%	0.20%
欧洲站双面羊绒大衣女	11731	1011	8.20%	0.20%
女长款羊绒大衣	86028	6253	6.90%	0.10%
双面羊绒大衣女绿色	4164	3382	7.70%	0.30%
合计	390145	35317	8.83%	0.19%

5．主推款放大推广

在进行放大推广前先聚焦推广。在有限的预算范围内，把预算用足。

把两个智能计划合并成一个，选择引流能力强的计划。选择收藏加购量高的商品继续推广。

同时实施智能计划、标准计划，以放大流量。后期选择效果好的计划继续推广，对于效果不好的计划暂停推广。

（1）智能推广多策略计划搭建，参数如下。

● 营销场景（宝贝测款：有词、无词；日常销售：有词、无词；活动场景：有词、无词）

● 推广方式（智能推广）

● 时间折扣（0:00 ～ 8:00 时间段不投放，其他时间段选择折扣 100%）

● 地域（根据物流情况，尽可能全开）

● 投放平台（淘宝站内）

● 创意图（优选点击率高的创意图）

（2）标准计划搭建，参数如下。

● 营销场景（日常销售）

● 推广方式（自定义）

- 时间折扣（0:00 ~ 8:00 时间段不投放，其他时间段选择折扣 100%）

- 地域（根据物流情况，尽可能全开）

- 投放平台（淘宝站内）

- 创意图（优选点击率高的创意图）

此外，需要注意 3 处。

对于关键词，需要收集店外引流关键词、成交词、智能推广报表中的系统推荐词、写标题词表内的词，以及直通车推荐词中所有与商品相关性 5 格以上、竞争度 500 分以下、展现 2000 次以上的词，将其中质量分低于 6 分的关键词删除，选取 20 个左右的优质关键词。后期也可以再添加新的关键词。

对于直通车人群投放，可以添加属性人群，根据店铺人群画像及商品本身特性圈定人群。认知客户选择高溢价设置，拉新客户选择低溢价设置。

对于关键词出价，PC 端关键词建议出价 0.05 元，无线端关键词出价建议根据近 7 天行业均价出价。对于精准词采用中高出价，对于次精准词采用中出价，对于广泛词采用低出价。

6．主推款推广优化

（1）智能推广

智能推广搭建如图 7-2 所示。

一般而言，智能推广营销场景有 3 种：日常销售、均匀测款、活动引流。

日常销售场景：以提升货品销售为主要目标，选取高精准和高转化的关键词及人群，辅助对应的出价，提升转化效果，如图 7-3 所示。

图 7-2　智能推广搭建

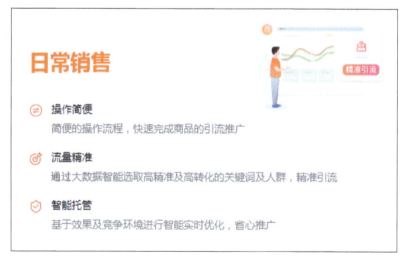

图 7-3　日常销售场景

均匀测款场景：能够快速均匀地将流量引入测款宝贝，快速掌握测款数据，如图 7-4 所示。

活动引流场景：以活动前快速获得较大流量为目标，选取类目、高流量词、对活动有兴趣的人群，为活动爆发期积累流量，如图 7-5 所示。

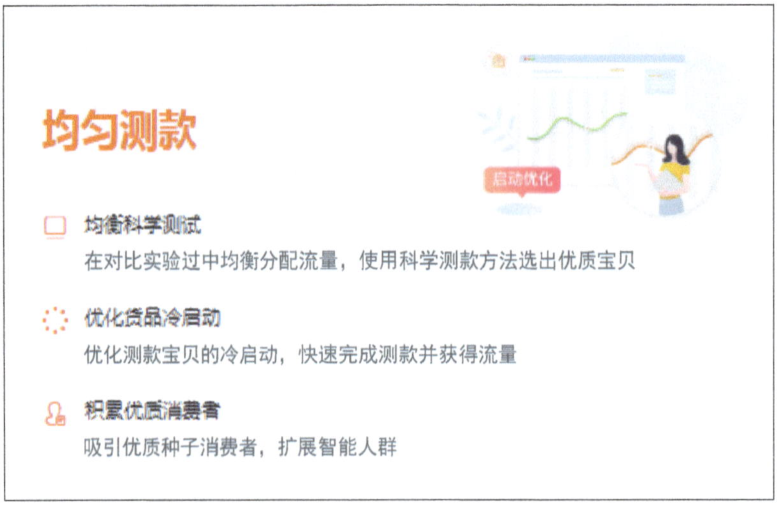

均匀测款

☐ **均衡科学测试**
在对比实验过中均衡分配流量，使用科学测款方法选出优质宝贝

○ **优化货品冷启动**
优化测款宝贝的冷启动，快速完成测款并获得流量

△ **积累优质消费者**
吸引优质种子消费者，扩展智能人群

图 7-4　均匀测款场景

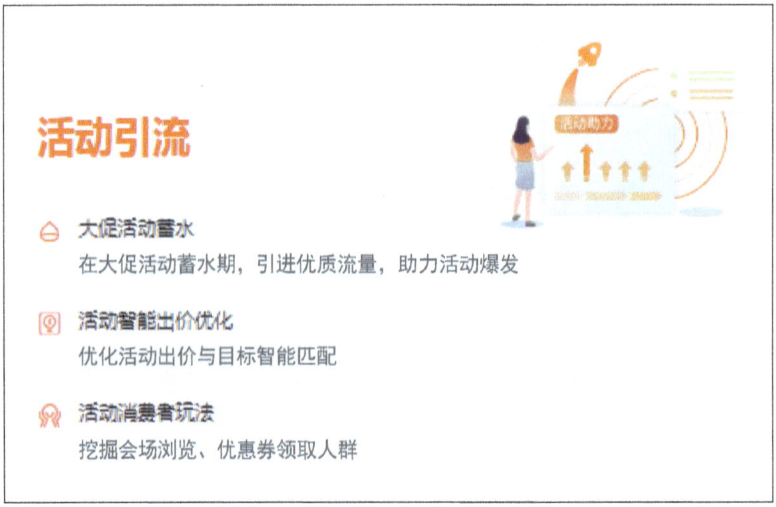

活动引流

◇ **大促活动蓄水**
在大促活动蓄水期，引进优质流量，助力活动爆发

◎ **活动智能出价优化**
优化活动出价与目标智能匹配

◎ **活动消费者玩法**
挖掘会场浏览、优惠券领取人群

图 7-5　活动引流场景

（2）标准推广

在前期，可以不断把点击率高但质量分相关性不够的关键词放入创意标题，使质量分相关性提高。推广计划的展现量要想一直保持上升的趋势，新计划需要培养权重。

在关键词优化过程中，对展现量高、点击量低的关键词调整精准匹配，如果后来的点击量仍然很低则直接删除；对于展现量低或无展现的关键词进行加价，如果后来展现量还是低则直接删词，更换一批新词并做好标记，以进行区分调整；对于展现量高、点击量高、PPC 高的关键词，要降低出价或者调整精准匹配。

在人群优化过程中，对 PPC 高的人群降低溢价，对收藏加购成本高、无产出的人群暂停推广，重新添加符合商品的人群。直通车推广的数据反馈如图 7-6 所示。

标准推广(50)	智能推广(20)										
状态	推广计划名称	分时折扣	日限额	展现量	点击量	点击率	花费	平均点击花费	直接成交笔数	总成交笔数	总购物车数	总成交金额
推广中	10-06 15:48 全店托管	智能调整	智能分配	14,000	435	3.11%	330.86元	0.76元	1	7	55	934.36元
推广中	8.17新款-1 日销	60 %	2,000元	414,780	19,897	4.80%	7,480.59元	0.38元	6	74	509	10,608.90元
推广中	双十一计划1-top款11 活动	60 %	2,000元	113,463	5,169	4.56%	3,837.30元	0.74元	23	48	255	7,011.66元
推广中	1023智能优质款哑铃 日销	80 %	1,000元	93,285	3,597	3.86%	3,313.26元	0.92元	14	108	466	15,940.13元

图 7-6　直通车推广数据反馈

在中期，计划权重高、消耗成本能力强，每日预算会提早下线，这时候需要降低 PPC，把消耗成本前 50 名的关键词添加到"我的关注"列表，在"我的关注"列表里面调整关键词出价，每修改一次，做好表格登记。

对于收藏加购率高、收藏加购成本低的关键词，围绕这个词新加一批关键词；对于收藏加购率低、收藏加购成本低的关键词，保持观察；对于收藏加购率高、收藏加购成本高的关键词，降低其点击单价 PPC；对于收藏加购率低、收藏加购成本高的关键词，删除。收藏加购成本只计算本计划的数据。

对于保留下来的关键词来说，降低 PPC 的前提是其展现量高于昨日。每次降低 0.1 元，隔半小时观察一次，如果数据可观，则继续降低。如果展现量下降，在不考虑 PPC 的情况下，提高关键词出价或人群溢价，时间折扣、地域全开，增加关键词；在考虑 PPC 的情况下，增加关键词，围绕点击率高、收藏成本低、有投产的关键词加词，并根据成交客户人群画像增加精准人群。

7.1.4 货品问题

货品问题严格来说不能算推广问题，任何一家店铺存在的基础条件就是解决货品问题。为了后续运营，店铺在拿货时尽量从有货的渠道进货，且最好多找几个渠道作为备选。

7.1.5 销售额问题

销售额问题是大问题，我们需要一步步解决。

在销售过程中，这家店铺的月平均销售额整体偏低，但是我们注意到，这家店铺销售的商品毛呢大衣，具有明显的季节性，这是很关键的因素。我们是在 10 月份开始接手该店的，而 10 月之后正好有一个大型活动"双 11"，其是一个提高销售额的好机会，是解决销售额问题的良机，但是这里也有一个问题——这家店铺是进不了"双 11"官方会场的，所以需要自己做活动，营造出"双 11"的氛围。

我们的"双 11"营销活动安排如下。

（1）"双 11"上新活动：11 月 9 日～ 11 月 10 日，新品直通车预热；11 月 11 日，正式上新。

（2）主推款活动：购买 1 件享受 9 折优惠，购买 2 件享受 7.5 折优惠。

（3）新品活动：购买 1 件享受 8 折优惠。

（4）其他商品活动：购买 1 件享受 9 折优惠，购买 2 件享受 8.5 折优惠。

（5）活动时间为 11 月 1 日～ 11 月 11 日。

（6）活动返场时间为 11 月 12 日～ 11 月 20 日。

1．视觉方面

虽然店铺没有参加官方"双 11"活动，但是一定要制造出"双 11"的活动氛围。

（1）重视首页活动装修，突出前两屏的新品、主推款海报。

（2）突出主推款详情页顶部的活动利益点。

（3）突出详情页店铺活动海报。

（4）重视主图打标。11 月 1 日～ 11 月 10 日，针对提前购活动利益点在主图上打标；11 月 11 日，正式打标；11 月 11 日从 21:00 开始，"双 11"倒计时打标；11 月 12 日～ 11 月 20 日，返场活动打标。

2．客服方面

（1）安排客服话术引导，制造活动氛围，体现活动利益点。

（2）在客服自动回复中添加"双 11"提前购的利益点，让客户享受与"双 11"当天官方活动同等的优惠。

3．推广方面

在"双 11"官方预热期，使用直通车推广很难拿到可观的展现量，PPC 也会相对较高，所以这时需要不断调整直通车计划。

在"双 11"官方预热期，可以将主推款预算从低到高进行数据拉升，因为这时很难拿到可观的展现量，并且直通车推广获得的流量开始下降。需要用各种方法引流：建议添加关键词，围绕计划里面投入产出比高、收藏加购成本低的关键词增加一批词；增加投放地域，记录调整之前的地域数据，注意在"双 11"结束后将其调整回来。

在"双 11"活动期，要聚焦直通车推广。因为该店铺只有一个主推款商品，并且推广预算有限，所以只开两个计划，第一个是主推款标准计划，第二个是投入产出比高、收藏加购成本低及引流能力相对其他计划较好的主推款定向计划。把预算投入这两个计划上进行集中推广，放大主推款流量。在增加预算的同时，需要考量付费占比、毛利、退款率等因素。

4．打造后续爆款

总体来说，该店铺在"双 11"期间确实提高了销售额，营销活动还是非常成功的，但是仅仅一次活动还是不够的，后续我们需要打造一个爆款。

店铺每周做一次数据化选款。数据化选款的第一步就是下载店铺一周的无线端和 PC 端的数据，然后删除下单转化率、下单支付转化率、下单卖家数、点击率、曝光率、搜索引导支付买家数、搜索支付转化率、搜索引导访客数、售中 / 售后成功退款金额、退款笔数等数据，添加收藏率（收藏人数与访客数之比）、加购率（加购件数与访客量之比）、收藏加购率（收藏人数与加购件数之和除以访客数）等数据，然后根据品类数据的平均值，筛选出数据在平均值以上的商品，如表 7-3 所示。在线商品也要进行筛选，去掉已下架的商品，将收藏率、加购率、收藏加购率高于平均值的商品标红，访问商品人数大于一定数量（例如 200 人以上），就可以进行数据分析盘点。之后选择好的商品就可以了。

表 7-3　品类选款表

商品在线状态	商品链接	访客数	平均停留时长（秒）	详情页跳出率	支付转化率	支付金额（元）	支付商品件数	加购件数	访客平均价值（元）	收藏人数	客单价（元）	支付买家数	收藏率	加购率	收藏加购率
当前在线		7746	7.44	58.26%	2.17%	5105.84	181	900	0.66	420	30.39	168	5.42%	11.62%	17.04%
当前在线		2662	6.32	44.00%	1.24%	918.14	34	254	0.34	109	27.82	33	4.09%	9.54%	13.64%
当前在线		1678	6.19	34.69%	1.79%	1084.5	32	206	0.65	76	36.15	30	4.53%	12.28%	16.81%
当前在线		1237	8.51	20.57%	1.29%	539.93	16	97	0.44	35	33.75	16	2.83%	7.84%	10.67%
当前在线		531	6.06	36.37%	1.13%	194.79	6	54	0.37	37	32.47	6	6.97%	10.17%	17.14%
当前在线		738	7.87	22.15%	1.08%	266.94	8	63	0.36	21	33.37	8	2.85%	8.54%	11.38%
当前在线		611	6.3	20.97%	0.82%	147.07	5	43	0.24	16	29.41	5	2.62%	7.04%	9.66%
当前在线		393	5.61	23.59%	1.02%	137.97	4	28	0.35	19	34.49	4	4.83%	7.12%	11.96%
当前在线		650	7	17.56%	0.15%	40.5	1	25	0.06	12	40.5	1	1.85%	3.85%	5.69%
当前在线		418	6.01	25.60%	1.20%	217.1	7	30	0.52	10	43.42	5	2.39%	7.18%	9.57%
当前在线		462	6.22	19.85%	0.22%	32	1	12	0.07	6	32	1	1.30%	2.60%	3.90%
当前在线		266	7.64	37.93%	2.63%	232.7	7	33	0.87	11	33.24	7	4.14%	12.41%	16.54%
当前在线		368	6.86	25.91%	1.09%	166.97	5	28	0.45	10	41.74	4	2.72%	7.61%	10.33%
当前在线		318	6.62	24.44%	1.26%	130.08	4	31	0.41	5	32.52	4	1.57%	9.75%	11.32%
当前在线		252	7.02	19.68%	0.00%	0	0	10	0	12	0	0	4.76%	3.97%	8.73%
当前在线		276	12.57	29.81%	0.00%	0	0	17	0	17	0	0	6.16%	6.16%	12.32%
当前在线		206	8.32	12.83%	0.00%	0	0	25	0	4	0	0	1.94%	12.14%	14.08%
当前在线		141	8.33	21.99%	1.42%	69.3	2	14	0.49	8	34.65	2	5.67%	9.93%	15.60%
当前在线		103	8.43	22.92%	0.97%	36.2	1	7	0.35	2	36.2	1	1.94%	6.80%	8.74%
	合计	19056				9320.03	314	1877	0.49	830		295	4.36%	9.85%	14.21%

在选定爆款商品之后就一定要做搭配套餐。搭配套餐可以起到相互促进销量的作用，为其他商品带来流量，并且能为商品增加权重，提升店铺的动销率，增加关联购买。搭配技巧如下。

（1）对于新品，使用店铺爆款或 TOP 20 的宝贝进行搭配，可以增加新品的曝光量及收藏加购量，促进新品转化。

（2）对于收藏加购数量多的商品，可以相互搭配，起到相互促进销量的作用。

（3）对于销量差、收藏加购数量不多的商品，可以搭配收藏加购数量多的商品，引导客户收藏加购，为该商品增加权重。

7.1.6　实战案例总结

经过推广优化，该店铺的销售额有较大幅度的增长，业绩有了巨大的突破。在销售额上升的同时，店铺也打造出一个爆款，该爆款可以支撑起大部分的流量和销售额，但是仅仅靠一个爆款的支撑是远远不够的，所以店铺需要继续使用营销活动来提升访客数和销售额。在不能参加官方活动的情况下，店铺可以设置自主活动，为接下来的新款商品提升销量做好准备。

7.2 风格店铺推广引流实战案例

7.2.1 案例背景介绍

该店铺的基本状况如下。

团队情况：运营和推广人员 1 人、美工人员 1 人、客服人员 3 人。

店铺规模：中小卖家。

店铺层级：第 3 层级。

类目：内衣、家居服。

年销售额：480 万元。

7.2.2 案例操作流程

店铺首先通过智能定向进行新品测试，然后根据测试数据确定核心单品（条件：收藏加购数量多 / 成本低、转化率高），最后同时使用多计划布局、多定向布局、重点资源位溢价来放大爆款单品的流量，如图 7-7 所示。

图 7-7 操作流程

在店铺日常推广的过程中，所有新品都会先进行测试然后再做持续优化，测试的方法主要是使用钻展工具的单品定向。案例操作方法的详细说明如下。

（1）选品：以测试为主，可以先多选之后再精减，如果店铺宝贝比较多，建议采用批量测试的方式。

（2）计划：建议分类目搭建计划。对于该店铺，搭建文胸、文胸套装、内裤、袜子等几个计划，计划名称按照类目做区分。

（3）场景：选择日常销售场景。

（4）时间：选择店铺来访高峰期和购买高峰期。

（5）地域：对于新店铺，可以选择多地域投放，再去掉转化率低的 15 ~ 20 个地域；对于成熟店铺，可以选择店铺历史数据中转化率高的 8 ~ 10 个地域。

（6）单元：一个单元一个宝贝，单元名称以宝贝 ID、核心词或者货号区分。

（7）定向：在初始测试中，优质定向全部打开，包括智能定向、智能定向 - 访客定向、智能定向 - 相似宝贝定向、购物意图定向和扩展定向。测款阶段不需要打开 DMP 定向。

（8）资源位：重点关注手淘推荐。

（9）出价：开启智能定向出价，初始可以按照市场建议价的 80% 出价。

- 其他定向出价 = 智能定向出价 ×（1 + 溢价比例）
- 资源位出价 = 定向人群出价 ×（1 + 位置溢价比例）

如果出价过高，则需要及时调整。

（10）创意图：选择宝贝的 5 张主图，可以本地上传。

（11）标题：制作 30 个字（即 60 个字符）的标题，其中需要包含核心卖点并排除系统敏感词，可以包含适当的能吸引点击的字符。

通过这种方法可以高效测试新品，然后积累新品流量为后面做数据分析打好基础。

1. 数据验证阶段

通过上文设置的计划，我们将收集到的计划数据进行整理，如图 7-8 所示。

图 7-8　收集到的计划数据

只是通过单独的计划是没有办法找出具有潜力的新品的，所以我们对整个计划下的所有单元做了单独的数据分析整理，数据整理表截图如图 7-9 所示。

单元	PV	UV	消耗(元)	CTR(%)	PPC(元)	收藏宝贝量	收藏店铺量	添加购物车量	成交订单量	成交订单金额(元)	CVR(%)	ROI	收藏加购成本(元)
C	7548	12	6.18	0	0.52	2		8	0	0	0	0	0.62
A	43693	89	54.75	0	0.62	14	1	47	4	245.35	4.49	4.48	0.90
F	23174	103	68.81	0	0.67	20	3	20	0	0	0	0	1.72
E	15878	22	12.08	0	0.55	2	1	2	0	0	0	0	3.02
G	20964	81	49.59	0	0.61	2	2	13	0	0	0	0	3.31
D	32211	291	191.48	1	0.66	25	3	27	6	359.58	2.06	1.88	3.68
B	46912	117	76.91	0	0.66	8	1	10	1	81.8	0.85	1.06	4.27

图 7-9　钻展单品计划单元数据整理表截图

我们需要综合评估流量（UV）、收藏加购成本、转化率（CVR）3 个因素来选款。

首先从流量上看，流量太少的款肯定不行，所以排除表中的单元 C 和 E。

其次从收藏加购成本上看，收藏加购的成本越低越好，排除单元 G、D、B。

最后从转化率上看，只有单元 A 和 B 是优秀的。

综合上面的三个因素，我们决定把单元 A 的宝贝作为主推宝贝。

2．流量放大阶段

我们在选中主推单品之后，就要想办法放大该单品的流量，令其销量上升，成为店铺的主推款。我们可以通过合理增加预算、增加计划布局、扩充定向、增加资源位和溢价等方式来快速实现流量增长，如图 7-10 所示。

首先，我们在初期测试中解决了选品问题，之后就要保证每天的预算是前一天的 1.2 倍以上，通过增加预算来带动流量的快速增长，直到爆发。

其次，在初期测试的时候，我们只做了智能定向，接下来我们不仅要增大智能定向的投入，还要添加购物意图定向、扩展定向、DMP 定向等来获取更多流量。

合理增加预算	增加计划布局	扩充定向	增加资源位和溢价
保持流量增加趋势，实时对比增加预算	针对同一个宝贝，增加计划布局	增加购物意图定向、扩展定向、DMP定向	针对手淘首页资源位增加溢价，针对"猜你喜欢"板块的资源位增加溢价

图 7-10　增加流量的方式

再次，因为定向增多了，我们也要增加对应的计划，尝试使用不同的场景来拉动流量增长，比如拉新计划、认知转化计划和老客召回计划。

最后，在早期我们只重点关注手淘推荐流量，接下来我们还需要重点关注其他位置（比如一些 PC 端和无线端的位置）的流量。

通过以上的操作，我们可以快速增加单品的流量。接下来，在日常的运营中，我们还需要针对爆款单品进行转化率维护，比如维护买家秀 / 评价的静默转化率，比如动态监控客服的询单转化率。在经过一系列优化之后，我们发现该宝贝的手淘推荐流量增长明显，最高峰的时候达到类目第 1 名并且维持了近一个多月，如图 7-11、图 7-12 所示。

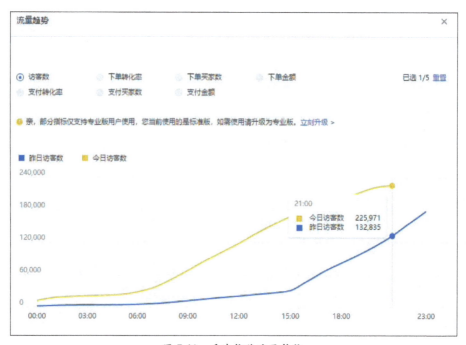

图 7-11　手淘推荐流量趋势

保持手淘推荐流量的前提是该
商品点击率要高于同行商品。因为
该商品转化率偏低，故收藏加购率
的稳定是其获得精准推荐流量的重
要条件，所以可以通过付费定向流
量来获得更多推荐流量。

图7-12　手淘推荐流量来源

7.2.3　实战案例总结

店铺在日常投放钻展的时候需要注意，所有的单品都需要遵循先测试后推广的原则，
测试环节和推广环节同等重要。

店铺在进入推广环节的时候，我们需要做好规划，有目的地做推广，不能胡乱推广。

这个案例的推广流程和逻辑适用于大部分类目的店铺，特别是中小卖家。在预算不多的时候，要做好针对性投放；在没有爆款的时候要进行多宝贝推广，当有了爆款之后要聚焦推广，让推广效率更高。

7.3　品牌店铺推广引流实战案例

7.3.1　案例背景介绍

南岛风是大码服装行业头部品牌。其于 2013 年正式进入大码女装行业，定位 18 ～ 25 岁人群，通过大码品类商品的布局，实现品牌店铺增长。目前该品牌的店铺涵盖天猫、淘宝平台，合计粉丝超过 300 万人，整体销售额超过 1.2 亿元。搜索"南岛风"关键词，结果如图 7-13 所示。

图 7-13　搜索"南岛风"关键词

7.3.2　案例操作流程

南岛风旗下店铺的站内引流推广玩法，主要是围绕商品布局通过直通车、智钻、超级推荐、店铺直播、微淘等方法进行店铺推广。

其站外引流推广玩法主要是使用网站媒体推广、抖音短视频推广，通过这两种方法实现品牌词的人群认知，提升店铺品牌词的人群搜索量，提升品牌的知名度，进而提升店铺的销售额。

商家进行大码女装类目布局，商品涵盖多个品类，通过品类进行店铺人群的整体覆盖，提升店铺的网络流量，如图 7-14 所示。

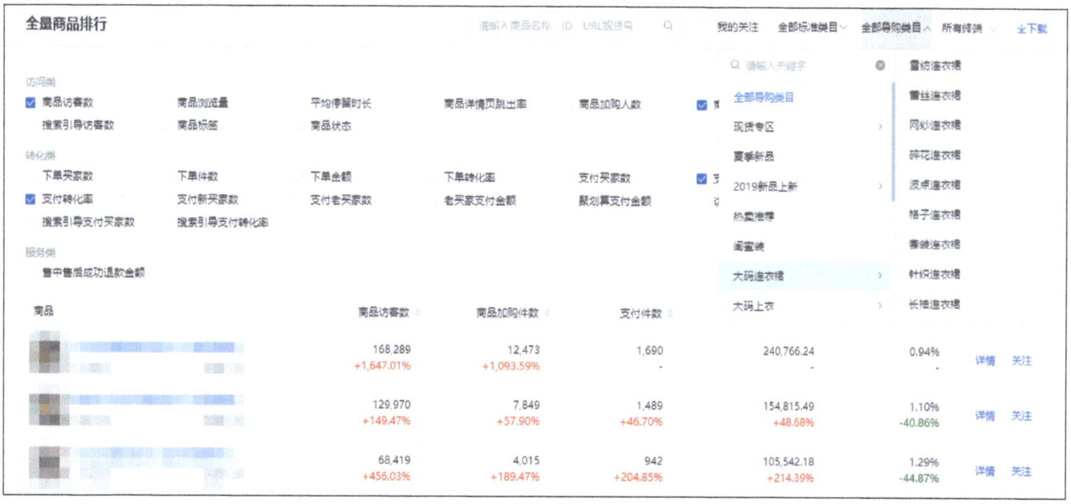

图 7-14　商家布局

商家通过商品布局，进行站内推广，核心方法是围绕大码人群进行投放。

通过人群定位进行店铺流量获取。在店铺获取流量之后，人均浏览效果、店铺关注人数效果都是非常不错的，通过持续的引流即可实现店铺粉丝进一步增长，如图 7-15 所示。

店铺站内推广的核心方法是控制店铺广告费用的占比，核心推广方式以直通车、智钻、超级推荐为主。在店铺处于稳定状态时，推广费用占销售额的百分比应为 6% ～ 8%。店铺细分流量结构，如图 7-16 所示。

图 7-15　店铺流量看板

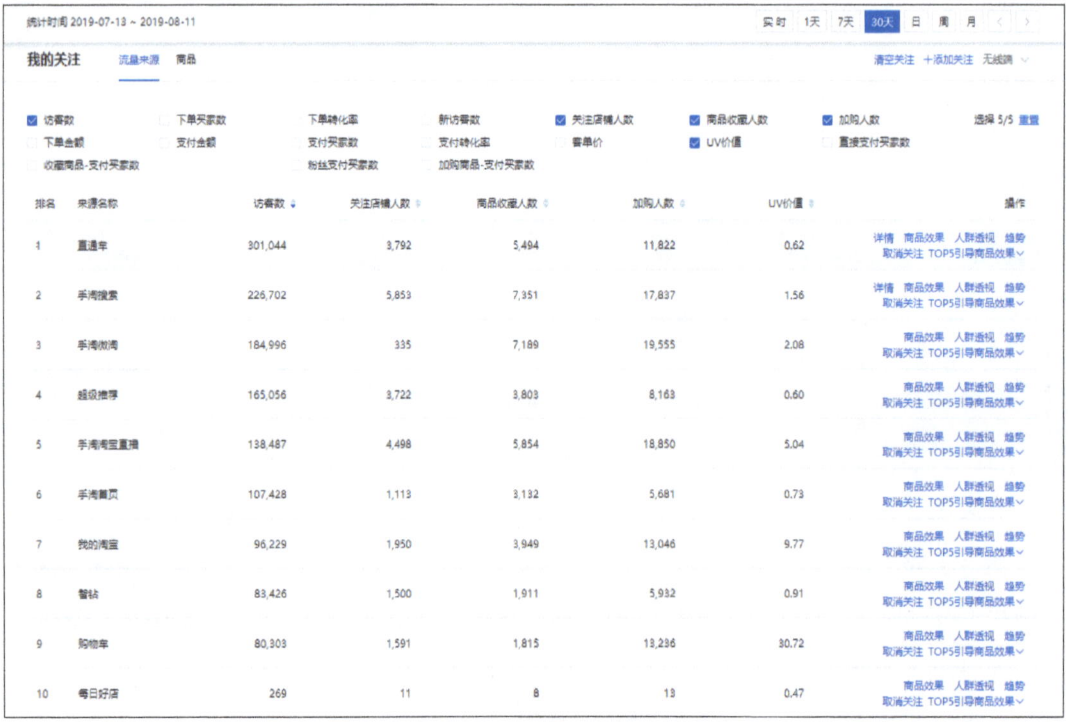

图 7-16　店铺细分流量结构

店铺站外媒体推广的方法是通过人群定位进行站外软文推广，通过对公司内的胖模特进行宣传，完成人群的聚焦，提升店铺热度和品牌热度，如图 7-17 所示。

图 7-17　南岛风的站外媒体文章

通过多渠道媒体覆盖，可以提升品牌的热度和记忆点，提升店铺品牌感，增加大众对店铺的信任度。通过搜索可以看到各渠道媒体覆盖效果，如图 7-18 所示。

八位胖模入行记   ×   搜索

网页   资讯   问答   视频   图片   良医   地图   百科   英文   音乐   软件   翻译

为您推荐 | 反馈: 火之非常高兴   水心子正秀   我是贝尔格里尔斯   公知大V   火天谴

八位胖模入行记:胖女孩的市场很大胖模悄然走红- 杭州新闻中心-...

2017年12月29日 - 杭州大码女装网店郭老板当初苦寻三年找到两个胖女
孩当模特,如今仅过半年就新招了6个胖模。几乎每个当胖模的女孩,都有
这一段辛酸减肥,然后再...
hznews.hangzhou.com.cn>...>经济新闻 - 快照 - 杭州网

八位胖模入行记_都市快报

八位胖模入行记 2017-12-29 分享到: 郭老板的大码女装网店胖模。从左到右:霍霍、坨坨、登
登、姚姚、心美、然然、缘缘、兔兔。 杭州大码女装网店郭老板当初苦寻三年找...
hzdaily.hangzhou.com.cn/dskb... - 快照 - 杭州日报数字报纸

这些胖▇▇▇▇▇漂亮,给老板赚一个亿

发贴时间: 2017年12月29日
这些胖▇▇▇▇▇漂亮,给老板赚一个亿 来自: 少吃多餐(克服!) 2017-12-
29 20:14:11 老板很有头脑啊,我妈妈比较胖,想给...
www.douban.com/group/topic/1111... - 快照 - V 豆瓣

胖模特吧-百度贴吧

有没有爱胖模的?身高168/体重90kg 阿梨 5-29 Cathy 1-8 身高168 169那样吧具体没量体重190
但是看起来不太像还有照片私聊我吧看到就回复沈阳接拍 阿梨 5-29 彼岸花 zy...
tieba.baidu.com/f?kw=胖模特 - V 百度贴吧

这8个姑娘平均体重超140斤!今年老板靠她们赚了一个亿..._网易新闻

2017年12月29日 - 原标题:八位胖模入行记【免责声明】上游新闻客户端未标有"来源:上游新
闻·重庆晨报"或"上游新闻LOGO、水印的文字、图片、音频视频等稿...

news.163.com/17/1229/14/D6R2TKNP0... - 快照 - V 网易新闻

大码"胖模"的T台梦她膀大腰圆却是众多服装厂青睐的胖模特!-...

西瓜视频为您提供大码"胖模"的T台梦她膀大腰圆却是众多服装厂青睐的胖模特!高清。婚前就
入行了,怎么嫁这个人了 0 回复 玛丽 8个月前 漂亮[赞][赞][玫瑰][玫瑰][玫...
www.ixigua.com/i661437563501386189... - 快照 - 西瓜视频

图 7-18   多渠道媒体报道

通过站外媒体的宣传，店铺流量数据增长明显，品牌词如南岛大叔、南岛风大码女装等一度升至行业搜索热度第一名和第二名，如图 7-19 所示。

热搜排名	搜索词	搜索人气 ⇅	商城点击占比 ⇅	点击率 ⇅	点击人气 ⇅	支付转化率 ⇅
1	南岛大叔	93,644	4.49%	179.27%	71,467	0.15%
2	南岛风大码女装	55,569	72.08%	302.72%	50,209	0.16%
3	大码女装	29,589	20.16%	260.35%	23,463	2.50%
4	南岛大码女装	25,932	8.78%	126.29%	17,280	0.10%
5	南岛风	20,722	65.99%	359.96%	18,034	0.30%
6	大码冬装女胖mm20...	19,748	18.86%	180.40%	15,378	3.38%

图 7-19　行业热词榜

搜索词明显能够促进店铺搜索访客的增长，如图 7-20 所示。

店铺站外媒体推广的一大作用就是帮助客户了解店铺品牌。客户了解店铺需要一段时间，店铺站外媒体推广则能促进客户对店铺的了解，拓展店铺的目标人群，增加店铺的粉丝数量。

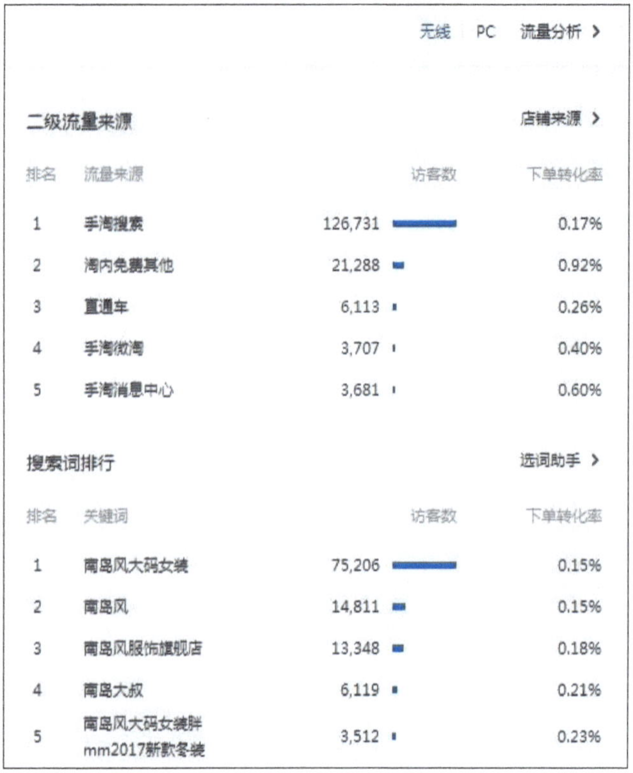

无线 PC 流量分析 >

二级流量来源　　店铺来源 >

排名	流量来源	访客数	下单转化率
1	手淘搜索	126,731	0.17%
2	淘内免费其他	21,288	0.92%
3	直通车	6,113	0.26%
4	手淘微淘	3,707	0.40%
5	手淘消息中心	3,681	0.60%

搜索词排行　　选词助手 >

排名	关键词	访客数	下单转化率
1	南岛风大码女装	75,206	0.15%
2	南岛风	14,811	0.15%
3	南岛风服饰旗舰店	13,348	0.18%
4	南岛大叔	6,119	0.21%
5	南岛风大码女装胖mm2017新款冬装	3,512	0.23%

图 7-20　店铺搜索流量效果

7.3.3 实战案例总结

南岛风旗下店铺通过定位大码人群，进行客户积累，前期通过直通车、智钻、超级推荐等方法进行客户沉淀，中后期通过站外引流为店铺带来大量的新客户，令南岛大叔、南岛风等关键词的搜索热度增长，从而提升品牌的行业影响力、知名度以及客户好感度，实现品牌力的提升。

第8章
网店推广思考和数据分析表格

8.1 面向未来的网店推广思考

从流量运营到消费者运营，品牌店铺的运营重心已经从争夺流量红利向努力运营客户转变。

在网店平台上，新客户获取越来越难，如何获得更多流量，是店铺不得不面对的问题。在这种情况下，通过数据化营销提升客户流量的价值，将成为店铺的核心推广方向。

在新客、新品、新店三大战略的背后，是人、货、场三要素的全面升级。电商已经进入了品牌、风格、内容三方面综合竞争的阶段，如图8-1所示。大数据能够跟踪反馈流量的沉淀效果，客户沉淀、客户运营的时代已经到来，如何实现店铺粉丝增长、如何实现客户沉淀，才是当下店铺推广的核心问题。

图 8-1　店铺推广人群新阶段

首先店铺通过商品和视觉获得流量。然后店铺获得流量的数据反馈，通过生意参谋判断流量沉淀能力，还能了解关注店铺的客户人数，通过客户关注店铺的情况了解流量的精准度，如图 8-2 所示。客户关注店铺的效率越高，人群精准度、客户黏性越高。

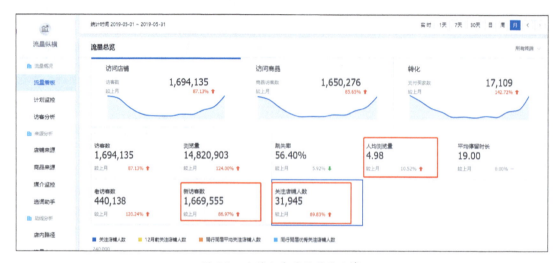

图 8-2　店铺客户关注效果反馈

店铺的客户沉淀数据，让营销变成一种投资，当下我们用心做好货品的同时，一定要考虑客户的需求，通过客户沉淀，可以提升店铺流量价值，这就让每一笔推广费用都可以带来更多关注店铺的粉丝客户，在未来"千人千面"体系下，店铺就会拥有流量池，形成店铺自己的消费者资产，实现店铺销售额、利润的持续增长。

8.2　网店推广常用数据分析表格

在生意参谋数据报表分析中，常用到一些数据分析表格，它们是店铺店长、老板必懂的知识。

（1）店铺整体数据周报表截图，如图 8-3 所示。

（2）店铺商品周报表。该表数据通过生意参谋的品类宏观监控，进行商品数据采集，每 7 天进行一次商品维度数据采集分析，挖掘优质品类商品，截图如图 8-4 所示。

如果是标品，可以根据上新单品进行数据跟进。可以根据品类进行收藏率、加购率计算，按照数据进行分析和排序，再按照访客基数进行优劣判断，找出类目下的优质商品并推广。

时间	支付金额(元)	访客数	支付转化率	客单价(元)	老买家支付金额(元)	老买家支付占比	成功退款金额(元)	退款率	直通车(元)	钻展(元)	淘宝客(元)	付费占比	关注量	关注率
2019/4/29	5,061.49	7,087	1.07%	66.6	1,009.30	19.94%	300.05	5.93%	522.19	0	6.83	10.45%	62	0.87%
2019/4/30	5,626.85	6,293	0.97%	92.24	309.6	5.50%	660.74	11.74%	508.53	0	54.33	10.00%	51	0.81%
2019/5/1	5,205.60	6,035	1.06%	81.34	613.15	11.78%	181.85	3.49%	477.25	0	40.08	9.94%	41	0.68%
2019/5/2	4,964.36	6,230	1.06%	75.22	210.16	4.23%	129.56	2.61%	488.86	0	54.98	10.95%	55	0.88%
2019/5/3	5,605.08	6,197	1.10%	82.43	344.4	6.14%	604.06	10.78%	469.35	0	80.15	9.80%	42	0.68%
2019/5/4	4,590.16	7,844	0.85%	68.51	223.78	4.88%	0	0.00%	617.33	0	64.23	14.85%	44	0.56%
2019/5/5	6,085.59	7,636	0.92%	86.94	913.26	15.01%	523.91	8.61%	649.92	0	107.7	12.45%	50	0.65%
合计	37139.13	44770	1.03%	80.91	3623.65	9.76%	2400.17	6.46%	3733.43	0.00	408.30	11.15%	345	0.77%
2019/5/6	8,343.33	8,105	0.97%	105.61	781.82	9.37%	551.8	6.61%	654.75	0	53.62	8.49%	55	0.68%
2019/5/7	8,232.64	8,930	1.10%	84.01	1030.60	12.52%	593.18	7.21%	647.75	0	58.18	8.57%	79	0.88%
2019/5/8	9,162.54	8,216	1.31%	84.84	845.43	9.23%	124.15	1.35%	638.72	0	31.89	7.32%	52	0.63%
2019/5/9	6,204.26	8,088	0.93%	82.72	442.94	7.14%	425.7	6.86%	653.48	0	13.92	10.76%	74	0.91%
2019/5/10	7,403.77	6,983	1.22%	87.1	966.10	13.05%	747.08	10.09%	561.11	0	50.25	8.26%	41	0.59%
2019/5/11	6,392.92	5,709	1.38%	80.92	805.10	12.59%	88.34	1.38%	548.93	0	7.64	8.71%	46	0.81%
2019/5/12	5,961.67	5,373	1.36%	81.67	821.68	13.78%	694.96	11.66%	588.07	0	41.06	10.55%	49	0.91%
合计	51701.13	48360	1.21%	88.53	5693.67	11.01%	3225.21	6.24%	4292.81	0.00	256.56	8.80%	396	0.82%

图 8-3　店铺整体数据周报表截图

行业类目	商品在线状态	商品链接	访客数	平均停留时长	详情页跳出率	支付转化率	支付金额(元)	支付商品件数	加购件数	访客平均价值	收藏人数	客单价(元)	支付买家数	收藏率	加购率	收藏加购率
家居饰品 -> 装饰挂钩	当前在线	om/item.ht	3699	20.46	77.69%	0.54%	1055.78	22	304	0.29	222	52.79	20	6.00%	8.22%	14.22%
家居饰品 -> 装饰挂钩	当前在线	om/item.ht	85	13.41	46.53%	3.53%	68.79	3	12	0.81	6	22.93	3	7.06%	14.12%	21.18%
家居饰品 -> 装饰挂钩	当前在线	om/item.ht	74	13.24	47.05%	0.00%	0	0	0	0	6	0	0	8.11%	0.00%	8.11%
家居饰品 -> 装饰挂钩	当前在线	om/item.ht	65	16.14	67.86%	0.00%	0	0	5	0	1	0	0	1.54%	7.69%	9.23%
家居饰品 -> 装饰挂钩	当前在线	om/item.ht	48	23.79	60.27%	2.08%	6.2	9	10	0.13	3	6.2	1	6.25%	20.83%	27.08%
家居饰品 -> 装饰挂钩	当前在线	om/item.ht	53	15.62	60.68%	1.89%	99.6	2	3	1.88	3	99.6	1	5.66%	5.66%	11.32%
家居饰品 -> 装饰挂钩	当前在线	om/item.ht	59	19.26	33.07%	0.00%	0	0	5	0	1	0	0	1.69%	8.47%	10.17%
家居饰品 -> 装饰挂钩	当前在线	om/item.ht	39	11.92	52.14%	0.00%	0	0	0	0	0	0	0	0.00%	0.00%	0.00%
家居饰品 -> 装饰挂钩	当前在线	om/item.ht	29	13.35	40.00%	3.45%	149.04	3	4	5.14	4	149.04	1	0.00%	13.79%	13.79%
家居饰品 -> 装饰挂钩	当前在线	om/item.ht	8	8.72	16.67%	0.00%	0	0	0	0	0	0	0	0.00%	0.00%	0.00%
家居饰品 -> 装饰挂钩	当前在线	om/item.ht	5	21.12	25.00%	0.00%	0	0	0	0	0	0	0	0.00%	0.00%	0.00%
家居饰品 -> 装饰挂钩	已下架	om/item.ht	1	10.37	0.00%	0.00%	0	0	0	0	1	0	1	100.00%	0.00%	100.00%

图 8-4　店铺商品周报表截图

（3）店铺商品推广报表。可以使用付费报表功能下载数据并进行分析。针对计划的预算（花费）、投入产出比（ROI）、PPC、收藏加购成本等进行数据优化，截图如图 8-5 所示。

店铺名		直通车											定向报表						
时间	花费(元)	点击量	点击率	平均点击花费(元)	ROI	总购物车数	总收藏数	收藏加购成本(元)	点击转化率	收藏店铺数	新成交用户数	新成交用户占比	点击量	点击率	花费(元)	PPC(元)	总购物车数	总收藏数	收藏店铺数	ROI
12月10日	538.62	1411	8.39%	0.38	2.46	155	86	2.23	2.76%	10	10	27.78%	36	2.32%	10.10	0.28	4	1	0	
12月11日	788.35	1609	7.72%	0.49	1.58	168	78	3.20	1.74%	11	9	25.00%	17	1.91%	5.29	0.31	1	1	0	
12月12日	656.91	1433	7.49%	0.46	2.12	169	60	2.87	3.21%	8	107	19.11%	36	2.09%	11.19	0.31	12	2	1	0
12月13日	566.35	1392	7.55%	0.41	3.05	163	78	2.54	1.58%	4	11	23.29%	81	2.63%	24.88	0.31	5	5	0	10.25
12月14日	482.17	1237	8.05%	0.39	3.67	163	69	2.08	2.34%	8	12	17.65%	55	2.90%	17.04	0.31	10	4	0	24.24
12月15日	596.24	1546	7.56%	0.39	0.66	230	101	1.81	0.78%	14	18	26.87%	119	2.93%	38.04	0.32	48	16	1	1.28
12月16日	627.96	1638	6.99%	0.39	0.95	186	88	2.29	1.16%	5	17	23.61%	146	3.09%	46.01	0.32	11	6	1	0.41
合计	4258.60	10266	7.64%	0.41	1.98	1216	560	2.40	1.90%	60	190	20.83%	490	2.73%	152.55	0.31	92	35	3	4.82
12月17日	521.87	1473	8.04%	0.35	3.58	206	78	1.84	4.55%	6	21	26.25%	69	3.87%	22.13	0.32	8	6	0	3.99
12月18日	525.32	1505	8.15%	0.35	1.81	194	86	1.88	1.79%	5	21	25.61%	69	4.27%	21.21	0.31	1	1	0	
12月19日	516.33	1516	8.20%	0.34	4.18	189	72	1.98	2.70%	4	19	25.00%	73	4.05%	21.70	0.30	2	1	0	4.98
12月20日	509.47	1460	7.45%	0.35	3.61	240	64	1.68	3.90%	5	27	28.13%	36	4.03%	28.14	0.32	3	1	0	
12月21日	491.95	1390	7.01%	0.35	3.39	176	68	2.02	2.88%	5	21	23.53%	81	3.67%	25.72	0.32	7	4	0	
12月22日	473.48	1373	7.33%	0.34	2.88	186	69	1.86	2.99%	4	25	28.74%	71	3.56%	21.32	0.30	5	4	1	2.25
12月23日	508.14	1456	7.47%	0.35	1.09	155	72	2.24	1.24%	12	16	16.53%	146	3.66%	29.69	0.32	8	7	2	1.33
合计	3546.54	10173	7.68%	0.35	2.95	1346	509	1.91	2.86%	41	150	24.63%	545	5.85%	169.91	0.31	42	32	4	1.78

图 8-5　店铺商品推广报表截图

（4）店铺数据报表。可以通过"生意参谋→自助分析"下载报表数据并进行分析，如图 8-6 所示。

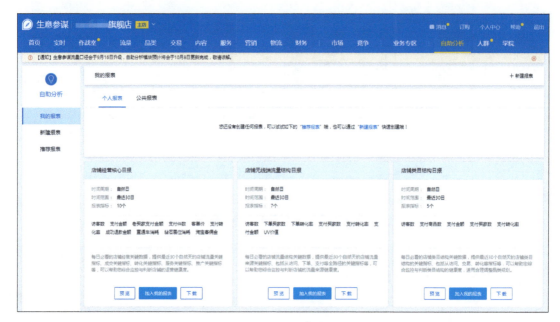

图 8-6　下载报表数据

通过店铺数据报表模板，完成数据报表的数据分析，诊断问题，及时优化。